生物課③
好好玩

輕鬆攻略108課綱的
10堂生物素養課

80 個必修關鍵字 ✗ 最強的生物觀念課表

最受歡迎的生物老師
李曼韻 著

注重理解力、閱讀力、思辨力：
一本真正幫助孩子快樂學好生物科的書

李曼韻

　　關於生物課的教學，我有著太多太多分享不完的經驗與想法，但核心理念永遠只有一個：就是希望孩子們經由生物課，更理解生命的奧妙，更喜歡大自然，然後在大自然中被呵護，同時也呵護著大自然。

　　這樣的理念像塊石頭，大部分人看見的石頭就只是顆石頭，既不起眼，也沒價值，有時甚至視其為「障礙物」。我默默地努力，慢慢地把頑石磨成了心願。這個微不足道的小小心願，磨了大半輩子，就是想做好自然科的基礎教育，幫助更多人喜歡生物、保護生態。

　　有些人為我的「磨石人生」感到遺憾，有些人勸我務實一點，因為「學生讀書不外乎為了應付考試，考完試就還給老師了」。我多麼希望不要有那麼多人去認同這句話，卻也經常務實地自省：我自己呢？我已經把多少無形的知識還給老師了？我給學生的，他們又能記得多少？幾次在夢中，我被學生丟過來的課本砸醒，嚇出一身冷汗。這促使我一直思考著：如何走出「讀書後緊接著考試、考試後又繼續讀書」這個循環。

　　在職涯舞台逼近鞠躬謝幕之際，我仍希望用頑石的精神來鬆動這個循環。

　　我的前兩本書《生物課好好玩》和《生物課好好玩 2》大多是遍布生活周遭的戶外教材，目的無非是希望家長可以利用假日，和孩子們一起走進大自然，透過自主學習上幾堂生物課。關在教室上生物課真是悶啊！花開鳥啼、葉落蝶舞盡在窗外，課本上永遠是些很難讓人有感的器

官、細胞，或不易見到的異國生物。但身為生物老師能有什麼辦法？課綱就是那樣條列，教科書就是這樣編寫。所以課後的連結就只能自立自學了，這裡所說的「連結」就是「生活經驗」、「生態環境」與「生物課本」的連結。貼近生活的學習內容，其實正是 108 課綱中強調的「素養」。

可是，編輯告訴我：小讀者們讀完兩本《生物課好好玩》後，到了課堂上，依然覺得生物課本好難喔！換句話說：短時間內，戶外課還是很難幫助孩子的成績突飛猛進，所以少有老師會在進度壓力之下砸時間去上戶外課。倒也不是說上課讀書全是為了考試成績，但若有一本書，能讓你透過文字的引導，進而理解課本中滿滿的「火星文」，在課堂上聽得懂老師的講解，不再覺得生物課很難，然後，看到了評量的分數提升，這的確是令人快樂的。最重要的是，這樣的快樂是過程，一個扎實的學習過程，並非僅存於看到成績進步的剎那。

我希望，第三本《生物課好好玩》，就是一本可以幫助你讀懂、理解，然後在評量上可以拿到好分數的書。你可能會說：那跟「參考書」有什麼不一樣嗎？市面上參考書何其多，輪不到我再來插一腳；更何況，中小學生讀最多的書就是參考書了，也不需要我來鼓勵閱讀。然而，中學生的課外時間，幾乎只讀參考書，這是一個教育怪現象。有時，學生反問我「要讀什麼書才能學好生物呢？」真是個好問題，沒有標準答案的好問題。

參考書不是不能讀的違禁品，但我不希望家長只買參考書給孩子讀。中學生只讀參考書必有其原因，因為「得分效益高」。參考書的優點是重點都條列化、表格化，清清楚楚地整理好了，只要照著背，拿分數可說是萬無一失。此外，還有很多練習題，大家都知道，高分祕訣無他，唯勤做題庫而已。但參考書的缺點呢？天下沒有省功的事啊，物理學中有個通俗好懂的道理：省時的機械必然費力。別人幫你做太多、做太好，你就失去學習的機會了。換句話說，若只讀參考書而不讀其他書籍，那麼在閱讀量、閱讀學習、閱讀理解，甚至是欣賞文章的閱讀力都會隨之下降。如此一來，真正需要你親自去歸納分析、整理重點的時候，你會因為練習不足而顯得吃力，更遑論提問、批判等其他能力，幾乎沒有磨練成長的空間了。

　　因此，回到學生的問題。「要讀什麼書才能學好生物呢？」我希望這一本書可以是其中一個答案。

　　這是一本注重理解的「導讀書」，除了緊扣課本中諸多重點之外，也點出學生在生物科學習中最容易誤解的迷思概念，當然也延伸出一些可以自學的小主題。此外，有許多跨章節的統整概念，將生物的內涵進行更緊密的融合，讓這些概念不再只是支離破碎的定義與名詞而已，這些統整都有助於持久而有效的學習。當然了，接下來要靠讀者親自去讀，融會貫通後整理成自己的筆記，學習才能見效。如果你選對書、用對讀書方法，別說是想讀懂生物課本的火星文，想銜接其他科普書籍的

閱讀，相信都能更得心應手。

　　這樣一來，你是不是會更喜歡生物課呢？我希望是的，唯有你喜歡這門課，你才更有機會走進大自然，被大自然療癒，也有能力去療癒千瘡百孔的大自然。

　　你要說這是本另類的參考書嗎？無妨。

　　但是，不要只是用指尖翻過，這是本需要慢慢咀嚼的書。慢讀，才能回甘。

　　你的回甘是我投入心願之河的小石頭，我聽得到水花，也看得見漣漪，我如是相信。

　　僅以此書獻給所有徘徊在基礎生物學圍牆邊，不得其門而入的孩子與家長。並謝謝所有促成本書問世的朋友。

Contents

第1章

我們居住的世界有些什麼？
生命的發現

認識生命現象與生物圈

本章學習目標

給學生

生物課，顧名思義是要學習與生物有關的知識。剛從六年級升上七年級的你，是不是被排山倒海而來的生澀名詞給嚇倒了呢？放心，先學習歸納、分類，熟悉生物學家如何以簡單的名詞整理龐雜的生物知識，以理解式的讀書方式親近這門課，一定會覺得越來越有趣喔！

給老師家長

從自然課到生物課，孩子的學習常常會卡在一些基本名詞的理解而難以前進。在生物課中，「代謝」常常是讓很多孩子卻步的名詞之一，本章除了介紹「生命現象」和「生物圈」，也簡潔地介紹「代謝」，讓孩子「小試身手」，建立求知的信心。後面幾章會有更進一步的說明。

關鍵字提示

生命現象 # 代謝 # 感應 # 生物圈 # 化學變化 # 化學反應 # 蒸散作用

生物學家用二分法把世界上的事物分成**生物**與**非生物**。如何定義「生物」呢？課本會這麼說：「所謂『生物』，就是可以表現出生命現象的個體。」那麼何謂「生命現象」呢？

　　先不要急著從課本裡找答案，先用你自己當例子，想一想生物有哪些和非生物不一樣的「行為」吧！這一題不是很難，你應該可以很快就想到：吃、排泄、呼吸、運動等等，顯然都是非生物不會有的行為。畢竟，你應該沒見過哪個活人可以不吃、不排泄、不呼吸、不運動吧？

　　那麼，除了人類以外的其他生物呢？拿植物來當例子好了，植物會行光合作用、蒸散作用，還會繁殖下一代，這些也都是非生物不會有的。

　　不過，光憑這樣的敘述還不夠「專業」，這時再拿起課本來看看吧。對於「生命現象」，課本是這麼說明的：「所謂『生命現象』就是生長、代謝、感應、生殖等。」嗯，「生長」和「生殖」聽起來很容易理解，「感應」呢？「感應」指的是生物體會感覺到環境中的變化，並做出適當反應，這反應

通常是有利於生物生存的。例如我們的腳踩到釘子會迅速縮回，植物則在沒有陽光時就關閉氣孔。「感應」需要慢慢解釋，所以第五章才會繼續說明。

現在先簡單解釋「代謝」，後面的章節也會循序漸進繼續把這個名詞解釋更清楚。

「代謝」是什麼？

我們先從日常經驗說起，想必大家都一樣，一日三餐，也許還加個下午茶、點心和宵夜。這麼多食物吃下肚後都到哪兒去了呢？你可能會回答：「被消化了。」

那麼，消化之後呢？答案是「吸收」，吸收的養分必須被「用掉」，以便讓你長高、長胖。事實上，無論是消化、呼吸、用掉營養、合成肌肉後長大……這些都屬於**代謝**。「代謝」這兩個字是「新陳代謝」的簡稱，我們常聽人說，多做運動能促進新陳代謝。其中的「新陳代謝」就是代謝。

再回到生物學的定義，解釋得更詳細一點，代謝是「生

物體內細胞中各種化學反應的總稱」。哇,「化學反應」又是什麼?別緊張,先聽老師繼續說明。

吃下肚的食物變成營養,像這樣,世界上存在著各式各樣物質的變化,而物質的變化可依據其本質是否改變,或者是否有新物質產生,可分成**化學變化**和**物理變化**。

化學變化也稱為**化學反應**,是指物質的「本質」發生變化,並產生新的物質。例如燃燒就是其中一種化學變化。木炭燃燒後產生二氧化碳,二氧化碳相較於原來的木炭,就是新的物質,兩者的性質與組成都不同,因此這種變化過程正符合化學變化的定義。

物理變化指的是物質的「本質」沒有改變,只有物質的「狀態或形狀、大小」產生變化。例如水因溫度或壓力不同,會呈現出固態、液態、氣態等不同形態,但是它的本質還是水,且形態改變之後沒有新的物質產生。例如水呈現為固態時,就是冰,冰熔化為液態後,本質還是水(H_2O),沒有新的物質產生。所以水的三態變化為物理變化。

「代謝」中的分分合合：認識「分解」和「合成」

好了，現在你理解代謝是「生物體內細胞中各種化學反應的總稱」了吧？那麼，讓吃下肚的食物轉換成營養的各種化學反應，有哪些呢？主要有兩種，一是**分解**，另一個是合成。

「分解」指將大分子分解成小分子，例如我們吃下白飯後，主要成分澱粉被「分解」成小分子葡萄糖，而雞肉吃下肚後，主要成分蛋白質也一樣會被「分解」為小分子胺基酸。

「合成」則相反，是小分子合成大分子，繼續以上頁右圖的例子說明，雞肉的主要成分蛋白質被分解為小分子胺基酸後，再將小分子胺基酸「合成」為大分子蛋白質。咦？看到這裡你可能不禁疑惑了，先拆了房子又要蓋房子，有必要嗎？

答案是必要的。再繼續用雞肉說明吧。雞肉的蛋白質分子很大，無法通過細胞膜進入細胞，所以必須先分解成小分子的胺基酸，才能順利進出細胞。再者，胺基酸要合成蛋白質，才能組成人類的肌肉，真正發揮作用。這就是為什麼「分解」與「合成」都是如此重要。

新陳代謝就是這樣，分解、合成、合成、分解，不斷地分分合合。不斷消耗能量，或產生維持生命所需的能量，不停合成新的分子、細胞、組織，以替換衰老的分子、細胞等。有了新陳代謝，嬰兒才能長成孩童，才能長成大人。

生物圈有多大？

「生物圈」的英文是 biosphere，由 bio 及 sphere 兩個字根所組成的，bio 表示生命（life），sphere 代表的是球形、圈子。

「圈」的概念很容易理解，我們稱外圓中空的東西或形狀為「圈」，例如游泳圈、甜甜圈。地球是圓球形，外圍的空氣稱「大氣圈」，延用「圈」的概念來形容，海水、淡水、冰層組成了「水圈」，地表一層固體物質稱為「岩石圈」，這三者共同構成了地球上所有生物生存的空間。科學家將生物在地球表面生存與活動的地方稱為「生物圈」，其範圍約在海平面以上及以下各 10 公里，總共約 20 公里。

許多生物課本中都有一個常見的形容，就是如果把一顆蘋果比喻成地球，那麼，生物圈的範圍大約只是蘋果皮的厚度而已。這比喻好不好呢？為什麼都是用蘋果？橘子行不行？蘋果皮厚度該怎麼計算？以上都是好問題。請進一步算一算、想一想，答案在本篇文章的最後。

我們在這裡先引導大家以「比例」的概念探究這個問題。首先，我們如果知道蘋果的半徑以及蘋果皮的厚度就可以知道其比例，同樣的，我們如果知道地球半徑，生物圈範圍已知為 20 公里，那麼，也可以算出其比例，只要將兩者的比例相互比較看看數值是否相當，就知道以蘋果皮比喻生物圈範圍這個比例是否恰當了。

就請大家動腦想一想吧！答案在本篇文章的最後。

$$\frac{生物圈範圍}{地球半徑} \quad 是否等於 \quad \frac{蘋果皮厚度}{蘋果半徑} \quad ?$$

生物圈裡有什麼？認識和我們截然不同的生物

生物圈內因環境不同，多種生物形形色色。以人類的角度思考，如果以旅遊的形式，到北極圈看一下極光或到南極探望國王企鵝還可以，若是長久居住，想必你就會渾身發抖，直呼不可能了。同理，登高山固然可以自我挑戰，但高山空

↑ 仙人掌的針狀葉是能適應沙漠環境的關鍵因素。

氣稀薄，一樣不適合居住。沙漠呢？缺水是個大問題，那就更別提深海的水壓了。但這些不適合人住的地方依然有生物的蹤跡，為什麼呢？是因為這些生物比較能吃苦耐勞？不是喔！主要是這些生物已演化出特殊的構造或適應策略，足以應付在惡劣環境中存活的難題。例如仙人掌科的植物，葉子演化為針狀或小刺，主要功能在於減少水分蒸散，其次，也能嚇阻動物吞食。除了針狀葉之外，莖演化為肥厚多漿的肉質狀，得以儲存水分，同時，根系覆蓋範圍寬廣，下大雨時可吸收最多的水分。這些特殊的構造，都是仙人掌得以適應乾燥沙漠最主要的原因。

所以，種仙人掌時不需要經常澆水，也要注意排水，就是因為這個原理。

最後，我們再來思考一個問題：為什麼葉子演化為針狀或小刺，就能減少水分蒸散？

我們先想想，平時給植物澆水時，植物喝了那麼多水，都到哪裡去了呢？

植物由根部吸收水分，只有極少量用在光合作用與代謝，九成以上是以水蒸氣的形式散失於大氣中，這種現象稱為「蒸散作用」。植物進行蒸散作用的主要通道是氣孔，而氣孔大部分位於葉片背面的下表皮組織中。

而仙人掌葉片已經演化為針狀，大大減少了氣孔的數量，葉片主要的功能是進行光合作用，這個任務就由肉質莖綠色的細胞替代，肉質莖中也儲存了大量的水分，這就是仙人掌的適應之道。

動物的部分，舉阿爾卑斯山區的土撥鼠為例。溫帶的高山一年約有六個月是雪季，高山土撥鼠雖然是內溫性的哺乳動物，卻也發展出特殊的適應之道——冬眠。土撥鼠的冬眠時間約在每年十月到隔年四月，冬眠前先要在體內儲存好足夠的

脂肪，冬眠階段代謝率降得很低，例如體溫從平均攝氏 39 度降到 5 度，心跳次數從正常的每分鐘 180 至 200 次降到每分鐘 28 至 38 次，呼吸頻率也從每分鐘 60 次降到每分鐘 1 至 2 次。這些下降的數字都在說明代謝率變低、變慢，換句話說，土撥鼠以冬眠的方式來節省體內所需的能源成本，這就是這種動物面對惡劣環境的生存策略。

最後，除了「生物圈」，你是否還聽過「舒適圈」這個名詞？舒適圈指的是「人處於一種安定的環境狀態，會習慣在安樂窩中的舒適」，久了常常缺乏危機感或適應力、行動力。

走到戶外，探索一下生物圈的種種，也是帶你走出舒適圈的一種方式喔。

↑ 阿爾卑斯山區的土撥鼠。

下課5分鐘・動動手動動腦

① 你知道「新陳代謝」這個成語嗎？

「新陳代謝」形容一切事物更新除舊的過程，類似於「汰舊換新」的意思。例如老師可能說：「唯有每學期落實幹部選拔，才不會阻礙班級股長的新陳代謝。」請試著用「新陳代謝」造幾個句子吧！

② 想一想，還有哪些常見的「化學變化」呢？

常見的「生鏽」其實也算是化學變化喔。這是因為鐵鏽是鐵的氧化物，與原來的鐵，性質與組成均不同。其他常見化學變化還有燃燒、食物的消化、光合作用、食物變酸變臭或腐敗，以及試紙變色。

③ 動手削一顆蘋果，思考一下蘋果皮的厚度怎麼算？

削顆蘋果吧！蘋果皮很薄，是否覺得很難測量呢？有個好方法，就是先將蘋果皮疊個十層，然後再除以十，就可以輕鬆算出蘋果皮厚度囉！

④ 如果地球是一顆蘋果，生物圈真的像一層蘋果皮嗎？

動動手，動動腦，親自算一下就知道！

已知地球圓周約 40000 公里，且圓周＝直徑 × 圓周率（3.14）。

所以，地球直徑就是 40000 公里 ÷3.14 ＝ 12739 公里。

半徑＝直徑 ÷2，因此可換算出地球半徑約 6370 公里。

那麼，將生物圈範圍除以地球半徑看看，得出來的分數是 20/6370，大約就是 1/300。

再回頭來看看，如果一顆半徑 5 公分的蘋果，蘋果皮 0.05 公分，將蘋果皮厚度除以蘋果半徑，得出 0.05/5，約為 1/100。

如何？ 1/300 和 1/100 應該差滿多的吧。如果非得用蘋果來形容地球半徑和生物圈的比例的話，看來，半徑 5 公分的一般蘋果無法勝任，可能要選一顆半徑 15 公分的超級大蘋果，才會比較精準喔。

第2章

人類、小花與小狗 都是這樣組成的！ 生物體的組成

認識細胞怎麼組成、生物體的組成層次、

跨科內容 尺度的認識與運用

本章學習目標

給學生

細胞是一個肉眼看不見的東西,當老師問:「你知道自己的身體是由細胞組成嗎?」你們一定很難想像吧!如果問你:「你認為房子由什麼組成?」大家可能會回答「鋼筋、水泥、磚頭」或「牆壁、屋頂、門、窗」。看來,「某樣東西是由什麼組成的?」這個概念其實難不倒大家呀!關鍵可能在於細胞這個概念太過抽象,難以理解。掌握重要詞彙,對於生物的理解就能很快熟練了!

給老師和家長

從自然課到生物課,孩子的學習常常會卡在一些基本名詞的理解而難以前進,本章試圖從最重要的幾個概念清晰解釋,可以和孩子一起閱讀,根據文中舉出的例子再進一步舉一反三,相信能夠很快提升孩子的學習自信心。本章也跨領域涵蓋八年級的理化會教到的原子、分子、元素、化合物等概念。

關鍵字提示

原子 # 分子 # 元素 # 化合物 # 細胞 # 組織 # 器官 # 器官系統

你的身體是由什麼組成的？除了細胞、器官，還有呢？

　　我常問學生：「你認為生物由什麼組成？」大家的答案幾乎都是「細胞」。雖然想必誰都不曾以肉眼看過「細胞」，但也許是因為教科書上明明白白地寫了這麼一句「組成生物體的基本單位是細胞」，所以大家的答案都很一致。但是，如果繼續追問：「你知道你自己也是由細胞組成的嗎？」學生往往就愣住了，大家紛紛懷疑：為什麼我會是由細胞組成的？細胞長什麼樣子我根本不知道。我天天照鏡子，沒看到什麼像細胞的東西啊……

　　我們試著換一個問法：「你認為人體由什麼器官組成？」這樣一問就簡單多了，因為**器官**的概念很具體，比「細胞」更容易理解。這次，學生們的答案往往就換成了「眼睛、鼻子、心臟、肝臟、肺臟」等耳熟能詳的器官。如果把「人體」換成「植物」，改問：「一棵鳳凰木由什麼器官組成？」學生們口中的答案更明確了，幾乎都集中在「根、莖、葉、花、果實、種子。」這六種器官。

理解「器官」之後，接下來要往上一個層次或下一個層次去延伸理解生物的組成，就不難了。例如你看見一間屋子，你可以很快延伸理解：「屋子」是由「房間」組成，而「屋子」又可以組成一棟「樓房」，「樓房」則可以組成一個「社區」。因此「屋子」的下一層單位是「房間」，而「屋子」再往上一層的單位是「樓房」，再往上則是「社區」。

同理，對器官有概念之後，也可以延伸理解在生物的組成上，器官的下一個層次是什麼。「器官」由什麼組成？答案是「組織」。「組織」在哪裡呢？以葉片為例，葉片是器官，我們可以從葉片撕下一層「上表皮」，再撕下一層「下表皮」，兩層皮中間是「葉肉」，葉肉中還有「葉脈」，這些都叫做**組織**，依序稱為「上表皮組織」、「下表皮組織」、「葉肉組織」、「輸導組織」。

把植物器官的葉片，換成人體器官的胃來試著拆解看看吧！胃這樣一個器官，也同樣由許多「組織」組成，包含「皮膜組織」、「肌肉組織」、「神經組織」等。

從「器官」層次，到「組織」層次，如果還想繼續往下一個層次延伸，研究組成「組織」的是什麼，這時就得用顯微鏡來觀察。試著把植物的下表皮組織置於顯微鏡下，就可以清楚看到能夠一個個數算、一格一格整齊有序的單位（如圖1），這就是「最基本單位」：**細胞**。

　　「組織」，是由許多型態、功能相似的「細胞」所組成。有的組織只由一種細胞組成，例如洋蔥表皮細胞。有的組織由一種以上的細胞組成，例如植物葉子的下表皮組織（如圖1）。人體血液含有一種以上的細胞，例如紅血球細胞、白血

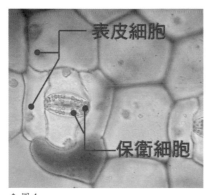

↑ 圖 1

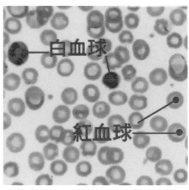

↑ 圖 2

球細胞等（如圖2），所以人體血液是「組織」。

如果「器官」的下一層次是「組織」和「細胞」，那麼往上是什麼？答案是**器官系統**。許多負責相同工作的器官聯合起來，就稱為「器官系統」。例如鼻、咽、喉、氣管、支氣管、肺等器官的工作都與呼吸有關，它們就稱為「呼吸系統」。口腔、食道、胃、腸、肝臟、胰臟等都負責消化相關工作，稱為「消化系統」。生物都必須靠著體內各種器官或系統分工合作，才能使生命正常運作。

讓我們用第 29 頁這張表格統整一下多細胞生物的組成層次吧！你是否注意到了呢？動物有「器官系統」，植物卻沒有呢！因為植物只有六大器官，不像動物有那麼多種器官，因此簡單將「根」、「莖」、「葉」這些與製造營養有關的器官稱為「營養器官」，而「花」、「果實」、「種子」這三個與繁衍後代有關的器官稱為「生殖器官」。

第 **2** 章　人類、小花與小狗都是這樣組成的！生物體的組成

多細胞生物的組成層次

生物	組成層次
動物	細胞 → 組織 → 器官 → 器官系統 → 個體
植物	細胞 → 組織 → 器官 → 個體

比細胞還小的是什麼？認識分子和原子的「小人國」世界

好，現在你已經理解了，生物體由器官組成，器官由組織組成，組織又由細胞組成，細胞也就是組成生物體的「基本單位」。接下來，你可能想問：「細胞又是怎麼組成？」如果這是一個有三個空格的填充題，不難猜測大家會想按照教科書的內容填上「細胞膜」、「細胞質」、「細胞核」。但如果問題改成「細胞由什麼『物質』組成？」這時的答案就不一樣了，答案是由水、醣類、蛋白質、脂質等分子所組成。

哇，又出現一個陌生名詞了。我們需要先知道什麼是「分子」，才能繼續介紹各種分子，例如「水分子」、「葡萄糖分子」。

分子是由**原子**組成的。天哪！聽到這裡你已經開始頭痛了嗎？你是不是在想，分子已經夠小了，怎麼還有「原子」這種更小的單位呢？科學家究竟想把這世界分解到多小啊？別擔心，先就此打住，目前我們就不再往下拆解，就到原子為止。大家先要有個簡單的認識：**所有的物質，以普通的化學方法所能分割到最小的微粒稱為原子**。根據學者研究結果顯示，世界上許多物質是以分子的型態存在。也就是由一個以上的原子組成比較穩定的分子狀態。例如：一個氧原子不穩定，兩個氧原子組成一個氧分子就能穩定存在。同理，一個氫原子並不穩定，但由兩個氫原子組成一個氫分子也是穩定的。

認識「元素」和「化合物」

物質若只由一種原子組成，稱為**元素**，換句話說，我們常聽到的「元素」，說穿了其實就是「不同種類的原子」。例如：氧是一種元素，氫也是一種元素，每一種元素有其特定的元素符號。例如碳是 C、氫是 H、氧是 O、氮是 N，鈣是

Ca。物質若由一種以上的元素組成，則稱為**化合物**。

　　聽到這裡覺得很混亂嗎？喝杯水，喘口氣，先來看看例子。水（H_2O），就是一種化合物，仔細看看 H_2O 裡面，含有兩種元素，分別是氫（H）和氧（O），並且我們可以從分子式中很快得知一個水分子是由兩個氫原子與一個氧原子所組成。

　　同理，二氧化碳（CO_2）也是一種化合物，其中含有碳（C）和氧（O）兩種元素，從分子式中可以知道，一個二氧化碳分子是由一個碳原子與兩個氧原子所組成。

　　我們將例子整理如下表。

小分子	分子式	所包含的原子種類	模型圖
氧氣	O_2	只有氧（O）一種原子	
水	H_2O	共有氧（O）、氫（H）兩種原子	

小分子	分子式	所包含的原子種類	模型圖
二氧化碳	CO_2	共有碳（C）、氧（O）兩種原子	
葡萄糖	$C_6H_{12}O_6$	共有碳（C）、氫（H）、氧（O）三種原子	

認識世界的重要工具——尺度

　　從器官到組織與細胞，再從細胞到分子與原子，我們把這個五花八門的世界分解到這種地步，實驗室裡的複式顯微鏡已經幫不上忙了。

　　順便來認識一些尺度概念吧！

　　尺度的表現須包含「數字」和「單位」兩部分。生活上為了方便，大家喜歡用 1 至 3 位數的數字搭配合適的單位。例如，講到身高時，我們習慣說身高 156 公分，但不會說身高說 1560 公厘或 1.56 公尺。台灣最高的樹種是高聳參天的

台灣杉，魯凱族稱為「撞到月亮的樹」，我們會說其高度為 70 公尺，而不會說 0.07 公里，同理，我們會說雪山隧道長度幾近 13 公里，而非 13000 公尺。這裡使用的單位都隨著品項長短而有所不同。

　　常聽到的「米」其實就是「公尺」，來自英文 meter 的音譯。除了公分之外，在西方多是每進三位數才有一個英文字單位。例如「千」（1,000, thousand），再加三個零為百萬（1,000,000, million），再加三個零就是十億（1,000,000,000, billion），如果再往後加三個零，就是兆（1,000,000,000,000, trillion）。華人看到這麼多個零，通常都要從個位數開始一位位往前數：「個、十、 百、 千、萬、十萬、百萬……」外國人則每三個零打一個逗號，之後就可以迅速地說出來它的數目。

　　公分以下的**毫米**、**微米**、**奈米**等三個單位也是相同的概念。每退三位數才有一個英文字。

　　我們將之整理如下表：

中文	公里 （千米）	公尺 （米）	公分 （厘米）	公釐 （毫米）	微米	奈米
英文	kilometer	meter	centimeter	millimeter	micrometer	nanometer
縮寫	km	m	cm	mm	μm	nm
以米為 單位	0.001	1	100	1000	1000000	1000000000
以奈米 為單位		10^{-9}		0.000001	0.001	1

　　根據此表，可以很清楚獲得一個概念，1 公尺（m）也可

以是：

　　＝ 1,000 毫米（mm）

　　＝ 1,000,000 微米（μm）

　　＝ 1,000,000,000 奈米（nm）

反過來，1 奈米（nm）也可以這樣表示：

1 奈米（nm）

　　＝ 10^{-9} 米（m）＝ 0.000000001 米（m）

　　＝ 10^{-6}mm ＝ 0.000001 毫米（mm）

　　＝ $10^{-3}\mu$m ＝ 0.001 微米（μm）

「毫米」並不是難以理解的單位，因為肉眼還看得到，一般直尺上都還會將一公分分為十格，每格 0.1 公分，也就是 1 毫米，再將 1 毫米分成 10 份或 100 份的話，肉眼難以看見，就不容易理解。想觀測尺寸數百或數十微米的微生物或細胞，只要利用顯微鏡就可以了。例如：草履蟲長約 200 微米，口腔皮膜細胞直徑長約 50 微米，肉眼無法看見，但在顯微鏡底下就能觀察得到。

常聽到的 pm2.5 中，pm 是什麼單位？原來 pm 並非尺度單位，而是 particulate matter 的縮寫，中文翻譯為「顆粒物」，它的單位是微米，pm2.5 指的是大氣中直徑小於或等於 2.5 微米的顆粒物。其大小還不到人類頭髮直徑的 28 分之

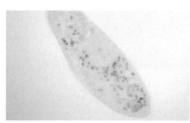

↑ 顯微鏡底下的草履蟲。

↑ 顯微鏡底下的頭髮。

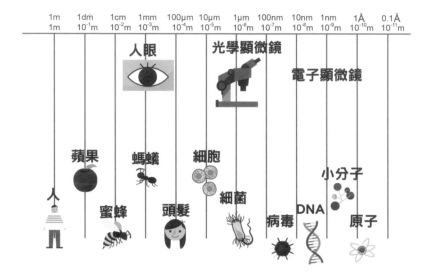

1（頭髮的直徑在 70 微米左右）。因為如此細小，容易深入肺部，甚至可以穿透肺泡，進入血管中而後隨著血液循環全身，所以對人體健康及生態所產生的影響是超乎想像的。

探索小世界

比細菌還小的病毒或 DNA 分子，其尺度單位已到了奈米（nm），這就要靠電子顯微鏡才能觀察了。

奈米（nm）這個單位近年來十分走紅，例如奈米科技、奈米產品等。其實自然界本就有奈米現象，例如「蓮葉效應」。我們若用手觸摸蓮葉，會感覺很光滑，像是觸摸絲絨一般，但蓮葉的光滑表面在電子顯微鏡底下並非如此。而是有著約 5 至 10 微米的細微突起，上面覆蓋著約 1 奈米的蠟質結晶在蓮葉的表皮細胞上。蠟質結晶本身的化學結構具有「疏水性」，所以水滴不易附著在葉片上。

當水落在蓮葉表面時，水因表面張力形成水珠。若葉面傾斜水珠滾動，蓮葉表面的灰塵會與水珠一同滾離葉面。這就是蓮葉「出淤泥而不染」的原因。

肉眼能觀察的有限，只能滿足一定程度的生活需要。但科學家總是想往更大的世界和更小的世界兩個極端探究，於是就有天文數字和奈米世界。雖然感覺距離我們生活很遠，但那只是因為人類的感官難以感知。

我們只需要借助科學儀器，跟著科學家的腳步，就可以探索有趣的顯微世界。

① 你看過蓮葉表面水珠滾動的樣子嗎？如果沒有，請在你生活周遭尋找看看，觀察水珠的樣子。

② 想一想，生活中還有哪些微型小世界，是你想以顯微鏡探索的？

③ 請動手撕撕看！

　　動手撕一撕！找一顆洋蔥，或某種蔬菜，撕下洋蔥表皮，或蔬菜的葉的表皮，觀察看看其中端倪吧！你可以比較一下哪一種比較好撕？可以撕下多大片的表皮組織？

第 3 章

我吃飯，小草曬太陽
——生物體的營養

認識養分、能量、酵素、光合作用、消化作用

本章學習目標

給學生

還記得國小五年級自然課嗎？裡面有學過動物為了求生存必須覓食，是動物獲得養分的方法。這是很初步的認識，但你有沒有想過，吃完之後，這些食物實際上是如何讓動物維持生命呢？這一章比較長，可是讀完以後，你會比較能克服生物科喔！

給老師家長

食物在生物體裡的歷程，是我們肉眼無法看見的，因此在認識「消化作用」時，孩子光憑閱讀，還是很容易產生誤解。陪同孩子一起閱讀，一起尋找生活中的例子，甚至是進行本文中燃燒花生的小活動，都有助於更進一步的理解。這一章因為希望盡可能將幾個基礎中較難的概念說明清楚，扎實地認識每一個概念，才能穩穩地往下一課前進。

關鍵字提示

能量 # 卡路里 # 酵素 # 光合作用 # 葉綠體 # 消化作用

「養分」和「能量」的關係

　　生物除了表現生命現象之外，更重要的是維持生命，陽光、空氣、水、養分就是維持生命之必要條件。其中「養分」你可能覺得不難理解，只要吃不就有養分了嗎？但你想過嗎？為什麼要吃飯吃肉吃菜，為什麼不能吃土或只喝水？關鍵因素在於吃下去的東西能否產生能量。例如我們吃飯、麵、肉、蛋、菜等，多是可以產生能量的物質，但「水」或「土」則無法提供能量給生物體。

　　「能量」是維持生命現象最基本的要素，地球上生物的能量主要來源是日光，再講得直白一點好了，地球上所有生物能量的來源都是**直接或間接來自太陽**。綠色植物、藻類及藍綠菌能行光合作用製造養分，而動物則是經由攝食取得養分。好了，説了半天都在談養分，不是説「『能量』是維持生命現象最基本的要素」嗎？養分和能量究竟是什麼關係呢？

　　我們先從日常生活談起。汽車如果沒有加油，會開不動，電扇不插電，也無法轉動。為什麼呢？汽油送入車子的引擎，

運作之後產生能量，車子才能動。電扇需要電線將電能傳輸進機器，才能運轉。有了汽油或電，才能產生能量讓汽車或電扇運作，生物體也一樣，如果缺乏能量的來源，就會動不了。這就是為什麼動物需要吃東西，把吃進來的食物分解成可以吸收的養分，再靠這些養分在需要的時候經分解作用產生能量。簡單說，「養分」經「分解作用」後，可釋放出「能量」。有關這個概念，這篇文章的最後，以及第六章，都還會有更仔細的說明。

「能量」到底在哪裡？認識「能量」的小活動

「養分」經「分解作用」後，可釋放出「能量」。這句話說起來簡單，其實很複雜，很難真正理解。大家可以先從一個小活動中體會一下其中的道理。

這個活動就是「燒食物」。可以選擇花生、核桃、杏仁、洋芋片……等食物，這幾樣食物乾燥好燃燒，很適合這個活動。如果你選了豬肉，那就要先做成肉乾，一樣可以燃燒。

以一顆花生為例，先用一把夾子夾住花生，然後點火，花生就會開始燃燒。我是將一個大迴紋針拉直，刺穿花生加以固定，再以打火機點火進行這個活動。

　　你知道嗎？這一顆小小的花生足足燃燒了 3 分鐘，真是露營野炊時的最佳火種。經過這個活動之後，你一定可以完全明白食物燃燒的的確確會放出熱量了。

　　如果你有小鋼杯、溫度計會更好，如果你還有錐形瓶或燒杯，那最好不過了。

　　將小鋼杯裝入少許水，若能定量會更好，例如裝入 100 公克的水（因為 1 公克的水容積為 1 毫升，因此用量杯量

↑ 花生下面的器具是免於花生燃燒時油滴滴落桌面用的。

↑ 燒花生的小活動如果在實驗室進行，可以利用大試管或錐形瓶。

100 毫升即為 100 公克的水）。將花生點火後，置於小鋼杯下燃燒，等花生燒完，你一定可以感覺到鋼杯中的水溫上升了，水溫上升，就代表水分吸收了花生燃燒時所釋放出來的能量。

藉由這個活動，你還可以得到一個結論，那就是：**能量是可以傳播的**。傳播的方向是由高溫往低溫的地方傳播。當然了，能量不會只有傳播到水裡，還會散失到空氣中或其他地方。

來計算能量吧！不要小看一顆小小花生！

如果你想探究得深入些，例如，燃燒一顆花生究竟釋放出多少能量？喔，那就需要更進一步來認識能量。能量不是溫度，所以無法靠溫度計測量，但能量還真的跟溫度有關係。

先說明一種能量的單位——「卡」。「卡」就是「卡路里」的簡稱。從英文 Calorie 音譯而來，縮寫為 cal。一卡的定義為「使 1 公克的水在 1 大氣壓下升高攝氏 1 度所需要的

熱量」。平時我們身處環境中的氣壓大約就是 1 大氣壓，所以重點在水的質量與溫度的變化。

如果讓 10 公克水升高攝氏 1 度所需要的熱量就是 10 卡，而將 1 公克水升高攝氏 10 度所需要的熱量也是 10 卡。那麼，想讓 10 公克水升高攝氏 10 度所需要的熱量是多少卡呢？想一想，不知道有沒有人會答 20 卡？

如果你答 20 卡，那就請你思考一下，若要使 10 公克水升高攝氏 2 度所需要的熱量又是多少卡呢？

現在，你大約可以明白，這時應該將水的質量與水上升的溫度兩項數字相乘，而非相加了。

回到剛剛用燒花生加熱小鋼杯水的實驗，如果你用溫度計測量了鋼杯中的水前後的溫度，我們就可以繼續探究下去。

假設水的初溫是 20 度，那麼，一粒花生完全燃燒後，使 100 毫升的水溫度由 25 度升高為 45 度時，則此粒花生燃燒後所釋放出來的熱能為多少呢？

計算方式就是將水的質量乘上水的上升溫度，即 100×

（45-25）＝ 2000（卡）。

哇！居然有 2000 卡！才一顆花生，數字就那麼大？如果換成一隻雞腿，或一瓶珍奶，那計算出來的數字一定更大了。因此，營養學上將 1000 卡（小卡）稱為 1 大卡，大卡可縮寫為 kcal。

讀懂營養標示上的熱量

想計算一小顆花生的熱量就費了那麼大的工夫，一個便當、一個漢堡所含的熱量又如何計算呢？

放心啦，商家都在食品上貼了標示，寫得清清楚楚。我們看一下這張圖。這是一塊芋頭酥包裝上的營養標示。記得喔，食品包裝上的營養標示單位都用大卡，「大」這個字不能省略。

我們先看營養標示上的營養成分，有蛋白質、脂肪、碳水化合物、鈉。其中，蛋白質、脂肪、碳水化合物這三類養分是可以產生能量的，就像前面的花生，燃燒之後會看見火

光。而鈉是礦物質，礦物質、維生素、水這三類養分無法產生能量。

營養標示		
每一份量	30 公克	
本包裝含	2 份	
	每份	每 100 公克
熱量	115 大卡	385 大卡
蛋白質	1.7 公克	5.6 公克
脂肪	4.6 公克	15.2 公克
飽和脂肪	1.8 公克	6.1 公克
反式脂肪	0 公克	0 公克
碳水化合物	16.9 公克	56.4 公克
鈉	4 毫克	13 毫克

↑ 營養標示上所含熱量都寫得清清楚楚。

已知食物中每公克的蛋白質、碳水化合物可以產生 4 大卡熱量，每公克脂肪可以產生 9 大卡熱量。

在這張標示中，可以看出內含蛋白質 1.7 公克，每公克可產生 4 大卡，所以可以產生 $1.7 \times 4 = 6.8$ 大卡；同理標示中有脂肪 4.6 公克，每公克 9 大卡，所以可以產生 $4.6 \times 9 = 41.4$ 大卡；最後是碳水化合物 16.9 公克，每公克 4 大卡，換算後可以產生 $16.9 \times 4 = 67.6$ 大卡。記得嗎？鈉是礦物質，不含熱量，所以將蛋白質、脂肪、碳水化合物三類營養成分所產生的熱量相加，$6.8 + 41.4 + 67.6 = 115.8$。回頭看看包裝上的「熱量 115 大卡」，現在你應該懂了，這個數字就是這樣計算後取整數而來的。

那麼，這一塊芋頭酥吃下肚後可以產生多少熱量呢？不

要上當喔，不要傻傻以為答案是「115 大卡」。請再仔細看標示中最上面兩行字：「每一份量 30 公克」、「本包裝含兩份」。意思是說，剛剛算出的 115 大卡是「每一份」所含熱量，那麼兩份就是 115×2 ＝ 230 大卡。230 大卡算不算多呢？每天可以吃幾個？這就因人而異了，青少年每天大約需要 1000 至 3000 大卡，活動越多需要熱量越多，因此，理解食物的熱量是很重要的事。

燃燒和分解一樣嗎？認識「酵素」

接下來，又要請問大家了。請想一想，花生在空氣中燃燒，和花生營養成分在細胞中分解，兩件事情完全一樣嗎？

「不一樣，在空氣中燃燒有火光。」這是大部分同學直觀的答案。

看得見的部分當然容易回答，看不見的過程，就要慢慢解釋了。

劇烈的氧化稱為**燃燒**，只需具備**可燃物**、**助燃物**（氧

氣）、**溫度到達燃點**，就可以燃燒。因為燃燒花生反應劇烈，看得見火光，所以概念容易理解。但養分到了體內的分解也是一種氧化，需要消耗氧氣並產生能量，但過程緩慢多了，看不見火光，也不需要到達燃點。但一定另有條件，想想看，花生若放在室溫中不點火的話，其營養成分是不會分解而放出熱量的，這其間的關鍵條件就是「酵素」。

說起**酵素**這個日趨通俗的名詞，大家的印象應該是聽過，但不甚了解。因為市面上有賣鳳梨酵素、木瓜酵素等水果酵素，家長會要小朋友或長輩吃一點來幫助消化。一起來認識「酵素」這個名詞吧。

酵素被應用來釀酒、做麵包的歷史很長，但解開應用的原理卻是近一、兩百年內的事情。尼羅河流域盛產小麥，古埃及人會將小麥磨成粉，利用空氣中的野生酵母讓麵糰變大變鬆，但古埃及人只知道這樣做麵包比較鬆軟好吃，並不理解其中的機制。釀酒也是，無論是東、西方都有數千年的釀酒技術和文化，但以前的人也不明白是酵母菌產生酵素在其中幫大

忙，進行**發酵作用**。

狹義的發酵，定義是指**微生物在無氧狀態下將碳水化合物分解的現象**。這是微生物獲得能量的方式之一，換句話說，發酵是微生物的一種新陳代謝，微生物會產生酵素，協助分子的分解或合成。

發酵的化學反應式為以下圖示：

$$C_6H_{12}O_6（葡萄糖）\xrightarrow{\text{酶}} 2C_2H_5OH（酒精）+ 2CO_2 + 能量$$

我們來練習一下化學反應方程式的寫法，參與反應的物質或原料，稱為「反應物」，寫在反應式左邊，也就是這條化學式中的 $C_6H_{12}O_6$。反應後產生的新物質稱為「產物」，寫在右邊，也就是這條化學式中的 C_2H_5OH（**酒精**）、CO_2（**二氧化碳**），中間用箭號（→）表示反應方向，由左而右。箭號的上方或下方，可以用文字或符號，將反應過程條件等寫上去。例如上式中的酶，酶就是酵素，酵素既不是反應物也不是產

物，而是這個化學反應必要的條件，所以我們寫在箭頭上方。

　　來看看產物。這條化學式中，酒精就是釀酒過程中最重要的產物，而發酵後的麵包之所以會鬆軟，則是二氧化碳的因素，二氧化碳是氣態分子，需要較大空間，於是就會把麵糰撐出一個個小洞，我們吃在口中就會感覺鬆軟可口。

　　從這裡我們約略可以明白，無論是植物、微生物還是高等動物，其體內都需要進行各式各樣的代謝作用，所以有各種不同的酵素。也就是說，一種酵素只能協助一種代謝反應，體內若需進行一千種代謝反應大約就需要一千種酵素，這稱為「專一性」，專一性就好比是「鑰匙與鎖」的關係。

　　由於酵素的本質是蛋白質，因此可以影響蛋白質性質的因子，如溫度、酸鹼值等，均可影響酵素的活性及反應速率。所以，爸媽要孩子吃的消化酵素大都在胃部進行一段協助消化的功能之後，就不敵胃部強酸而瓦解了。

認識「光合作用」

　　這章一開頭就提到一句話：地球上所有生物能量的來源都是直接或間接來自太陽。但太陽提供的能量，並不一定是生物可以直接取得的，畢竟，我們肚子餓了，無法去曬曬太陽就止飢。那麼，像人類或其他動物該如何獲得太陽能量呢？這時得透過第三者取得，所謂的第三者，就是綠色生物（綠色生物

光合作用

陽光

氧氣

二氧化碳

葡萄糖

水

包含藍綠菌、藻類以及綠色植物，它們身上具有葉綠素或葉綠體），取得的方式為「光合作用」。

光合作用需要四個條件：二氧化碳、水、葉綠素和光。動物因為沒有葉綠素，所以不能行光合作用。

植物的綠色細胞中有葉綠體，其內有葉綠素和酵素。葉綠素能吸收太陽能，並藉酵素的參與，將二氧化碳和水合成葡萄糖並放出氧氣的過程，稱為「光合作用」。

整個光合作用的反應，可用下列化學反應式表示：

$$\text{二氧化碳} + \text{水} \xrightarrow[\text{葉綠體}]{\text{日光}} \text{葡萄糖} + \text{氧氣}$$

改用分子式來表達，應該也看得懂吧？

$$6CO_2 + 6H_2O \xrightarrow[\text{葉綠體}]{\text{陽光}} C_6H_{12}O_6 + 6O_2$$

陽光、葉綠體分別寫在箭頭的上下方，那就是反應需要

的條件，但不是原料。原料是二氧化碳和水，只能置於箭頭的左方，箭頭的左右兩邊物質不能任意交換。

原料中的水是植物的根從土壤中吸收，再經由輸導組織送到葉片中的綠色細胞，二氧化碳則是由氣孔進到葉肉中的。想想看，植物所需的原料竟然只有二氧化碳和水，就能產出我們吃米飯才能獲得的葡萄糖，是不是太神奇了呢？二氧化碳和水到了人類手中，頂多就是製成氣泡水而已。

而且，植物還是地球上效果最好的空氣清淨機喔！怎麼說呢？因為這些綠色生物能將我們現在最大煩惱之一的溫室氣體「二氧化碳」與水合成葡萄糖和氧氣。因此，為了減少二氧化碳，除了節能減碳之外，也應該多種樹，仰賴光合作用。植物只要行光合作用，就可以「收拾」掉二氧化碳，加上水，便能成功有效地將太陽能轉變成化學能，儲存在葡萄糖中了。過程中，還能順便贈送動物朋友們一個大禮物——氧氣。

只要條件合適，植物在白天有光時幾乎都可以進行光合作用，時間非常長，咦？既然光合作用時間那麼長，表示葡萄

糖一直持續製造出來，那麼，綠色葉片是不是都應該很甜呢？可是，綠色蔬菜吃起來，似乎味道並非如此，為什麼呢？

　　因為反應中所產生的葡萄糖，除直接供植物生長所需外，亦可轉換為蔗糖、澱粉等其他醣類儲存，也可以輾轉合成脂質和蛋白質等物質。就像我們上班賺錢，只會放一部分現金在身上，夠用就好，其他的可以存到銀行去，也可以買股票、黃金、房子等，是一樣的概念。

無法行光合作用的動物如何獲得養分？

　　動物因為沒有葉綠體，便無法行光合作用自製養分，其養分的來源就是吃啦。吃下去之後，養分要怎麼消化、吸收呢？負責消化食物、吸收養分的是「消化系統」，消化系統包括消化管（道）與消化腺。消化管提供場所，消化腺負責分泌消化酵素，執行分解的工作。想詳細了解的話，仔細看看第56 頁的圖。

　　我們先談消化作用，消化作用指的是：**將食物中的大分**

人體消化系統圖

消化管

口腔
具有牙齒和舌頭，牙齒可咬碎食物，舌頭可攪拌食物。

咽
可控制食物進入食道。

食道
可使食物通過，但不分泌消化液。

胃
為囊狀袋，可容納食物。

小腸
消化與吸收養分和水分的主要器官。

大腸
能吸收剩餘水分，形成糞便。

肛門
消化道末端，糞便由此排出。

消化腺

唾腺
可分泌唾液，可初步分解澱粉。

胃腺
胃壁中的胃腺會分泌胃液，胃液中的酵素可初步分解蛋白質。

肝臟
會分泌膽汁，儲存在膽囊內，膽汁可乳化脂質。

胰臟
會分泌胰液，可分解醣類、蛋白質、脂質。

腸腺
可分泌腸液，主要與醣類、蛋白質的分解有關。

膽囊

小腸

盲腸

闌尾

子分解成能被人體吸收的小分子之過程。

　　聽起來似乎很簡單，但因為「分子」很小，看不見，就顯得抽象了。

　　雖然雞肉看得見，但其中的成分「蛋白質」，就很難看清楚了，就像是你可以說你看見一滴水，但你是無法看見「水分子」的。有這麼小的東西嗎？對，因為這些物質必須夠小，才能通過細胞膜。所以，像第一章提過的，蛋白質這樣的大分子

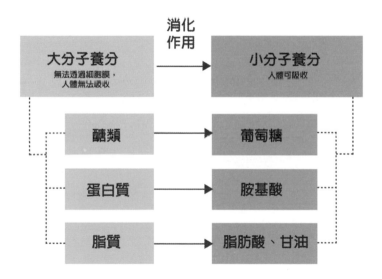

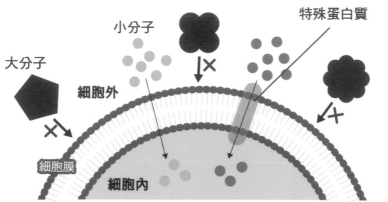

小分子　　　　　　　　　　特殊蛋白質

大分子

細胞外

細胞膜

細胞內

圖為物質進出細胞膜示意圖。大分子養分不能通過，小分子如O_2、CO_2可直接通過，葡萄糖等小分子需要膜上特殊蛋白質協助才得以通過。

必須分解為小分子胺基酸，其他如各種醣類、脂質等，也都需要被分解成小分子養分，才得以通過細胞膜，被吸收和運送。

　　你可能會疑惑：雞肉送入口中後咀嚼再久，蛋白質不都還是蛋白質嗎？要如何被分解成小分子胺基酸呢？這時光靠牙齒咀嚼是不夠的，我們還需要助手：酵素。

　　消化之後，下一步就是「吸收」，在消化管中花了很多時間將大分子食物分解成的小分子，在小腸中，這些小分子以「擴散作用」的方式通過絨毛膜細胞，進入絨毛內的微血管，

溶解在血漿中，隨著血液循環送到全身各處供細胞利用。人體小腸長度約為身高的 4 倍長，算得上是人體吸收可產生能量養分的唯一器官了。食物一旦結束了消化吸收的旅程，接下來大約就剩下不能消化吸收的殘渣，大部分是植物纖維素和水分，這些殘渣進入大腸後形成糞便，大腸並無消化腺，所以到了大腸後就沒有消化作用，主要回收部分食物殘渣中的水分，食物殘渣最後由肛門排出。好了，這裡一定要特別注意喔！食物殘渣由肛門排出，不能稱為排泄，僅可稱為「排遺」或「排便」。當然了，肛門也就不是排泄器官，而是消化器官。這是很多人容易混淆的概念，別搞錯了。排泄有其定義，待第六章再說。

① 碳水化合物跟醣類有什麼不同？

　　所謂碳水化合物，其實就是醣類。還記得上一章提到的葡萄糖嗎？其分子式為 $C_6H_{12}O_6$，表示一個葡萄糖分子由 6 個碳原子、12 個氫原子，以及 6 個氧原子所組成，其中，12 個氫原子以及 6 個氧原子正是 6 個水分子，換個方式寫成 $C_6(H_2O)_6$，很容易就能看懂其分子式是碳和水的組合，這樣你應該就可以輕鬆理解為什麼醣類又稱碳水化合物了！當然了，我們平時吃的是澱粉類的麵包或米飯，而非吃「葡萄糖」，事實上，澱粉就是由葡萄糖聚合而成的多糖體，因此，也是碳水化合物囉。如果你曾將麵包烤焦，那麼當你看到黑漆漆的烤焦麵包時，應該就可更容易理解。因為「碳水化合物」烤太久，失「水」太多，自然就只剩下黑漆漆的「碳」了。

② 「葉綠體」和「葉綠素」只差一個字，有什麼不同？

　　「葉綠體」是一種胞器，外面有雙層膜，裡面有基質、囊狀結構，囊狀結構上有葉綠素。

　　「葉綠素」是一種色素，像葉黃素、胡蘿蔔素，都是植物的色素，用於光合作用。藍綠菌沒有葉綠體只有葉綠素，但一樣可以進行光合作用。就像野炊時沒有電鍋，但是使用炭火，依然可以把飯煮熟。

③ 想一想，如果糞便中大部分是不能消化吸收的植物纖維素，為什麼人體無法消化植物纖維素？另外，既然無法消化吸收植物纖維素，為什麼爸媽、老師又常常要求我們要多吃蔬菜水果、補充纖維素呢？

這是個好問題，請思考幾分鐘再繼續往下看。

人體的消化系統中沒有能分解纖維素的酵素，因此人體無法消化纖維素。可想而知，無法被吸收的纖維素，也就無法提供人體能量，卻能促進腸道蠕動，保持腸道健康、預防大腸癌等許多好處。

如何？跟你預想的理由相同嗎？如果不同，歡迎找同學或師長一起討論。

第 4 章

在體內觀光周遊列國
——生物體的運輸作用

認識植物體內的運輸、
人體內的運輸、人體的防禦機制

本章學習目標

給學生

植物體內的運輸聽起來很抽象,別著急,回想一下國小自然課有學過植物的「根莖葉構造」吧?認識根莖葉的功能,和本章會提到的水分蒸散,是有關聯的。小學階段沒有學植物運輸,其中內部組織的名稱可能會讓你覺得陌生,事實上,現實生活中,「維管束」這東西可是無所不在的,一旦學會了,日後觀賞植物時會有完全不同的理解喔!

給老師家長

孩子在學習人體血液循環系統時,容易誤以為「動脈就是攜帶氧氣的血管,靜脈就是攜帶二氧化碳的血管」,這類的迷思較難在生活中找例子來理解,期望透過對於循環系統整體的認識,師長可以從旁修正這種常見誤解,以利日後更進一步的學習。

關鍵字提示

維管束 # 韌皮部 # 木質部 # 形成層 # 循環系統 # 組織微血管網
防禦機制

上一章談養分時，提到植物中具備葉綠體的綠色細胞會負責行光合作用，製造養分。那麼，其他不具葉綠體的細胞，如根、莖、葉的表皮等其他組織呢？它們也需要養分，才能產生能量，那麼，它們的養分怎麼來呢？這就和行光合作用的綠色細胞不同了，它們的養分是靠**輸導組織**，將葉製造的養分輸送而來。同理，植物的水分由根部吸收，葉片行光合作用所需的水分，一樣也是「輸導組織」負責輸送的。

　　聊完植物，接下來聊動物體。以人為例子，我們用嘴巴吃飯，但是從大腦到腳趾頭都需要養分，如何將養分「宅配」到全身每一個細胞呢？回想一下前面幾篇文章，我們曾經提過「在小腸中食物消化後的小分子，進入絨毛內的微血管，溶解於血漿中，隨著血液循環送到全身各處供細胞利用」。是的，負責「宅配」工作的，正是「循環系統」。

　　接下來，我們進一步認識植物體內的「輸導組織」和生物體內的「循環系統」吧！

植物體內的運輸

　　一株小花小草從根部吸收水分，再由輸導組織將水分送到葉片，這不難想像。如果是棵高度比小花小草高數十倍的大樹呢？水要怎麼從根部往上數十公尺高呀？想一想，你家如果住在公寓大樓，家中水龍頭的水哪裡來？你知道的，就是先用馬達把水抽到水塔，打開水龍頭時水往低處流。但植物身上既沒有裝馬達也沒有水塔，水分竟然能往如此高處爬，不可思議吧！

　　除了運送水分，養分也需要運送，負責運送物質的管子排列成束，稱為**維管束**。多細胞生物的特色是「分工合作」，不同工作由不同種類的細胞負責，所以運送養分和水分的部位與其管子是不同的。負責運輸水分和礦物質的構造稱為**木質部**，靠近內側，運送光合作用製造成的養分的構造為**韌皮部**，靠外側，位在較接近外皮的部分。

　　「維管束」這三個字對第一次聽到的人來說一定非常陌生，很多人甚至常誤寫成「維束管」。先來「說文解字」一下吧！「維」意指細長的東西，在這裡指的，就是植物體內運輸

物質的「細長管子」，而許多細長管子排列成「束」，就稱為「維管束」。這樣是否比較好懂呢？如果不要只將它看成是考試才會用到的名詞，其實，你會發現維管束是不難見到的東西。拿我們食用的蔬果為例，蔬果既然是植物，裡面是否找得到維管束呢？當然可以！無論是西瓜、葡萄、香蕉、橘子等都有肉眼就能看見的維管束。回想一下剝橘子皮時，外果皮內那白色一絲絲的橘絡，那就是把養分和水分送入果實中的維管

↑ 這是「看得見」的輸導組織。我們吃的絲瓜果實還很嫩，因此維管束也一起吃下肚。等絲瓜老熟後纖維變粗了，可以曬乾成用來洗碗的「菜瓜布」，其實就是維管束。

束。再想像一下，芒果皮內的纖維，有時會卡在牙齒之間讓你感到不適，那也是維管束。就營養角度而言，這些都是幫助消化的纖維素，吃下去是有益健康的。

不同的維管束構造排列方式

被子植物包含雙子葉植物和單子葉植物，維管束的構造和排列方式也不盡相同。

雙子葉植物的維管束靠近莖的外側，呈環狀排列。在韌皮部和木質部之間，有「形成層」，它具有細胞分裂的能力，分裂出的細胞在內側形成新的木質部細胞，外側形成新的韌皮部細胞。

單子葉植物的維管束，在莖的截面任意排列，沒有形成層。但它和雙子葉植物相同的是：木質部位於維管束的內側，韌皮部位於維管束外側。

雙子葉植物具形成層，能產生新的細胞，故莖可逐年加粗。所以，我們看到屬於被子植物的大樹，幾乎都是雙子葉植

物。

　你看過年輪嗎？若把逐年加粗的樹幹橫鋸開來，常可看到切面上漂亮的「同心圓」圖案，那就是年輪。樹木因為氣候因素使得生長速度有「快與慢」周期性的交替，因此留下「年輪」這種肉眼可辨析的印記。通常一環可以代表一年，因此，利用年輪，我們就能數出一棵大樹的「年齡」。但不是每棵樹都有年輪喔！沒有季節區分的赤道氣候區，樹木就沒有可明顯辨識的年輪。

　在四季分明的溫帶區，春、夏時形成層的細胞分裂快，生長旺盛，細胞大、細胞壁薄，顏色就顯得淺，秋冬天寒，細胞分裂少，細胞壁厚顏色就顯得較深，樹木的年輪就是這樣形成的。因此，數年輪的正確方法是要一淺一深合在一

↑可以數出樹木年齡的「年輪」。

起，才完整表示為一年，這樣才能數算正確的年齡。

我們以下圖來說明植物的運輸。

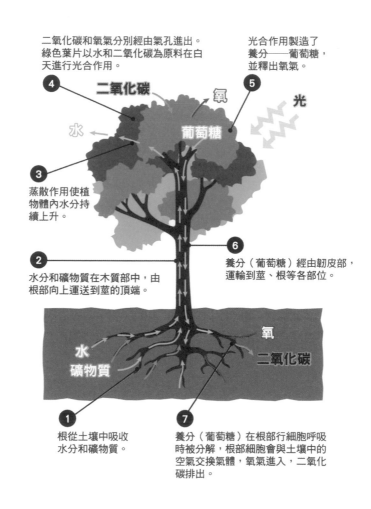

二氧化碳和氧氣分別經由氣孔進出。綠色葉片以水和二氧化碳為原料在白天進行光合作用。

光合作用製造了養分——葡萄糖，並釋出氧氣。

4 二氧化碳

氧

5

光

水 ←

葡萄糖

3

蒸散作用使植物體內水分持續上升。

6

養分（葡萄糖）經由韌皮部，運輸到莖、根等各部位。

2

水分和礦物質在木質部中，由根部向上運送到莖的頂端。

氧

二氧化碳

水
礦物質

1

根從土壤中吸收水分和礦物質。

7

養分（葡萄糖）在根部行細胞呼吸時被分解，根部細胞會與土壤中的空氣交換氣體，氧氣進入，二氧化碳排出。

接著，我們以雙子葉植物（向日葵）為例，將維管束的構造、功能及運輸方向整理成表格。

	維管束構造	功用	運輸 方向	位置
	韌皮部	運送有機養分（例：葡萄糖）	由上向下、由下向上	位於形成層外側
	形成層	細胞分裂使莖加粗	✕	位於木質部與韌皮部之間
	木質部	運輸水分和礦物質	由下向上	位於形成層內側

有關運輸的方向

再強調一下水分和養分的運輸方向。我們常說「澆花要

071

澆根」，因為植物是由根部吸收水分，接著，水分向上至莖，而後到葉，一路都是由下向上。這股神祕的力量主要來自於葉的「蒸散作用」所形成的拉力。

　　還記得我們提過仙人掌嗎？為了免於旺盛的蒸散作用而枯萎，所以仙人掌的葉演化為針狀。因為葉片下表皮組織充滿了氣孔，白天光照好、溫度合適時，氣孔就打開了，方便植物行光合作用時二氧化碳要進來，氧氣要出去，但這時候，水分子也會趁機溜了出去，像這樣，「水分由氣孔散失」，就是蒸散作用。植物根部辛苦吸收的水分，約有 95% 都是由蒸散作用慷慨捐出去的，看似浪費，實則為植物水分上升的原動力，就像有些人花錢，正是他努力賺錢的動力一般。說到蒸散作用，你可以想想是不是曾在大樹下乘涼呢？之所以可以享受涼快的綠蔭，正是因為大樹的蒸散作用而降溫的喔。

　　養分的輸送則是雙向的。葉子通常在植株上層長得較茂密，光合作用製造的養分需要由上往下送到莖部、根部，供其使用或儲存。但養分也可以由下往上運輸喔！例如大家喜歡在

春天觀賞的櫻花，為落葉性植物，冬天葉片落盡，隔年春天還沒長新葉就先開花。開花需要很多養分的，可是，這時並沒有葉片行光合作用，養分哪裡來呢？就是儲存在莖或根的養分，由下向上運輸。

人體內物質的運輸

　　動物體內的氧氣、養分必須運送給細胞使用，而細胞代謝後的產物有些也必須被排除，如此細胞組織才能正常運作維持機能，表現各種生命現象。以人為例，必須仰賴「循環系統」來運送物質。人體的循環系統屬於「閉鎖式循環系統」，包括血液循環系統及淋巴循環系統。

　　閉鎖式循環系統是指循環系統中的血液只會在心臟與血管之間流動（被關閉上鎖的概念），不會與其他組織細胞直接接觸，物質也是在微血管與組織細胞間進行交換，蚯蚓、脊椎動物等皆屬於「閉鎖式循環」。就像大都市中人口、房屋多，運送物資依靠運輸系統，車子只能在車道上行駛。但

如果是在鄉間小路，或人煙稀少的小村落呢？不一定有馬路直通家門口，車子開到沒路之後，通常只能繼續前進開到門口。昆蟲、蜘蛛與蝦子，就是沒有微血管這種「鄉間小徑」的動物，血液可流出血管，與組織液混合，細胞直接在血液、組織液之混合液中交換物質，稱為**開放式循環系統**。

以人體為例，血液循環系統是由心臟、血管和血液組成，其組成架構可以參考表格。

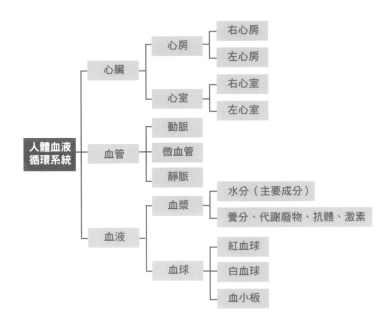

第 4 章　在體內觀光周遊列國──生物體的運輸作用

運送有用的物質、帶走有害的物質

　　所謂運輸，就是要把有用的或需要的物質送給細胞，並且把細胞代謝後有害的物質帶走。循環系統就類似交通運輸系統，靠著川流不息的交通工具將你所需要的東西宅配到家，當然，也會有垃圾需要垃圾車來帶走。在循環系統中川流不息的東西就是血液，車子需要有道路才能運行，同樣的，血液也要有流動的管道，那就是血管了。光只有這樣還不夠，血液的流動還需要動力，就是來自於心臟的收縮與舒張，唯有心臟的收縮舒張持續，血液才能循環不止，讓該送達或送走的物質都能保持在正常值的範圍內。

　　血液循環系統的路線圖，可以參考第 76 頁的圖片，會比較清楚。

人體血液循環圖

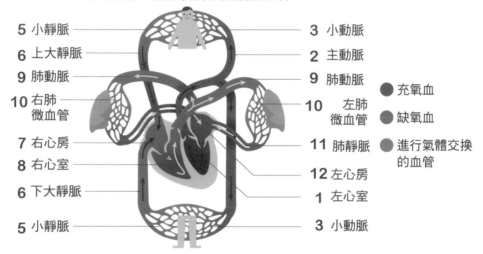

4　身體頭部、上肢等部位的組織微血管

5　小靜脈

6　上大靜脈

9　肺動脈

10　右肺微血管

7　右心房

8　右心室

6　下大靜脈

5　小靜脈

3　小動脈

2　主動脈

9　肺動脈

10　左肺微血管

11　肺靜脈

12　左心房

1　左心室

3　小動脈

● 充氧血

● 缺氧血

● 進行氣體交換的血管

身體軀幹、腹部、下肢等部位的組織微血管

「體循環」和「肺循環」

我們再花一點時間解釋一下血液循環途徑，請看看第77頁的圖片。

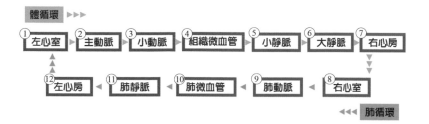

　　理論上，循環就是O型軌跡的意思，上圖中每一個方塊，都可以當作循環的起點。這張圖只是方便我們認識**體循環**和**肺循環**的概念。「體循環」，顧名思義就是血液由心臟出發後要去遊走身體各角落的。心臟的四個房室中，以圖中的①左心室的肌肉最肥厚，收縮力道最大，收縮後血液由②主動脈流出，接著左右、上下不斷分歧，成為許多③小動脈伸入全身各器官及組織細胞，為④組織微血管。

　　「動脈」的定義，就是將血液帶離心臟的血管，剛才說了，血管就像馬路，有的寬有的窄，大馬路會分出許多鄉道縣道，血管也是，我們簡單稱為小動脈。接下來進入組織微血管網，就好比車子進入社區，將宅配到家的物資搬入家裡，不用

的廢物送上垃圾車，在組織微血管網中交換物質，是最重要的
工作了。

　　所謂的「交換物質」，究竟交換什麼物質？我們將④組
織微血管網以另外一張簡圖來說明。

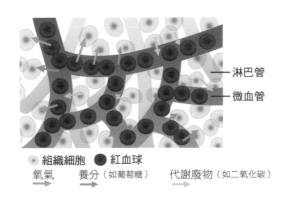

組織細胞　● 紅血球

氧氣　　　養分（如葡萄糖）　　代謝廢物（如二氧化碳）

━ 淋巴管

━ 微血管

組織微血管網中的「交換物質」

　　我們以腦的組織微血管為例，上圖中的組織細胞就是腦
細胞，紅色的管子是微血管，寬度只容許一排紅血球通過，血
液由小動脈進入微血管後，因為很窄，流速自然慢下來，正好
方便進行**物質交換**。讓我們再用宅配的概念來說明吧。就像宅

配車進入單行道巷弄時，車速變慢，但此時正適合搬運物資。

　　圖中的箭頭方向就是分子**擴散作用**的方向。「擴散作用」指的是分子由高濃度向低濃度地方移動的現象，藍色箭頭由微血管指向組織細胞，意思是微血管中葡萄糖濃度較高。綠色箭頭由紅血球指向組織細胞，就表示紅血球是負責攜帶氧氣的，藍色箭頭由血漿指向組織細胞，就表示葡萄糖是由血漿負責攜帶。氧氣與養分供細胞進行呼吸作用（有關「呼吸作用」，將在第六章詳細解釋），產生能量與二氧化碳等代謝廢物，黃色箭頭由組織細胞指向血漿，就表示二氧化碳在細胞中濃度是高的，擴散到微血管中，由血漿帶走。

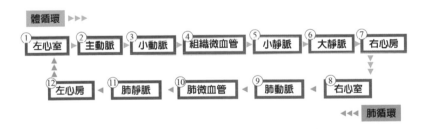

　　組織微血管交換完物質之後，血液繼續往前流動，就是

⑤小靜脈，慢慢匯成⑥大靜脈，再回到⑦右心房。由①到⑦這一大圈循環路徑，稱之為**體循環**。

　　垃圾車負責送走垃圾，垃圾車一旦滿了，就要去焚化爐。那麼，體內太多二氧化碳該去哪裡呢？答案應該不難喔！就是肺。路徑由⑧右心室開始，經⑨肺動脈到⑩肺泡微血管去交換氣體，吐二氧化碳、吸入氧氣，繼續匯集到⑪肺靜脈，進入⑫左心房，從⑧到⑫這段路程較短，就是「垃圾車」去丟二氧化碳，換成氧氣，這段路稱為**肺循環**。

　　我們再複習一下「動脈」的定義，就是把血液送離心臟，右心室收縮是提供血流的流動力道，目的地是肺，意思是已經沒太多氧氣了，必須回到氧氣的補給站，所以肺動脈是全身含氧量最少的血管。千萬不要以為只要是動脈就是充氧血，靜脈是缺氧血。所謂靜脈，是將血液送回心臟的血管，如肺靜脈，這可是全身含氧量最高的血管喔。

　　除了腦部組織細胞外，四肢肌肉、頸部、軀幹及部分器官交換物質的過程，也都是一樣的原理。

認識血漿、組織液、淋巴

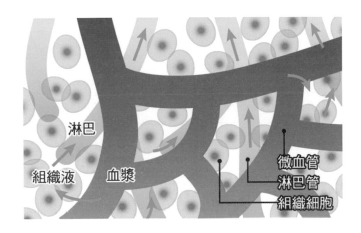

淋巴

組織液　　血漿

微血管
淋巴管
組織細胞

　　接下來，再看上面這張圖，有沒有覺得和第 78 的圖很像呢？我們主要用這張圖來說明「血漿」、「組織液」以及「淋巴」這三種體液及其流向。

　　先說說血漿，第 78 頁的圖中，可以解讀出，血液可分為**血漿**及**血球**，血漿中九成的成分是水，其中溶有經消化作用吸收來的養分（如葡萄糖），以及代謝作用產生的廢物（如二氧化碳），還有抗體和內分泌腺分泌的激素等，血漿隨著血液循

環將物質送到各組織細胞。但是微血管是由一層細胞組成的，在組織細胞間行擴散作用交換物質時，有一些血漿會由微血管滲出到組織細胞間，稱為**組織液**，部分組織液又會滲入淋巴管，在淋巴管內流動，稱為**淋巴液**，也可稱為淋巴。

　　你可能覺得很麻煩，明明就是一樣的東西，在不同地方流竄，有必要讓我背三個名詞嗎？其實，這三個體液內容不盡相同。因為隔著細胞，大分子無法通過細胞膜，自然也就不易滲出微血管，例如抗體就屬於大分子蛋白質，所以血漿與組織液成分是有差異的。至於淋巴，流入淋巴管後會緩緩流動，最後匯入靜脈回到血液循環中。但淋巴的功能不只有在收拾滲出的組織液，大家一定也知道它擔負了一些防禦功能，有關它的防禦功能，我們稍後會介紹。

　　淋巴、淋巴管、淋巴器官，合稱**淋巴循環系統**，是人體中的第二套循環系統。淋巴結也常被稱為淋巴腺是屬於淋巴器官的一種。數百個淋巴結遍布全身，但只在頸部、腋下、鼠蹊部等地方較易摸到。感冒時，有扁桃腺發炎的經驗嗎？扁桃腺

就是淋巴結之一。淋巴結內充滿淋巴細胞（又稱淋巴球），主要的功能是過濾並吞噬病侵入的病原體等異物。

人體的防禦作用：認識三道防線

「防禦機制」四個字，直覺的理解就是「保護自己不受傷的方式」，人在戰亂時期要躲刀槍、子彈，在叢林中要躲大型肉食動物。對於生活在和平都會的我們而言，要面對的是一些病毒、細菌、黴菌或寄生蟲等微生物的入侵，這些入侵者可簡稱為「病原體」或「抗原」。

面對環境中無所不在的病原體，人體架構了三道防線。

第一道防線，是**皮膚及黏膜**。這一道防線就好比一個國家的城牆，將敵人隔絕在外。皮膚位於身體外部，因為有角質層防止水分散失，摸起來是乾燥的。黏膜位於身體內部，如消化道、呼吸道、泌尿管道的內膜。其中，最容易理解的部位就是口腔黏膜了，和皮膚不同的是，黏膜沒有角質層，是溼的、平滑的，但都會與外界環境接觸。我們常說「病從口入」，其

中的「病」就是病原體,「口」就是口腔或胃的黏膜。

　　皮膚受傷時,那就是防線出現漏洞,病原體得以趁虛而入。此時,身體的第二道防線,**白血球**就開始啟動了,受傷部位出現紅、腫、熱、痛等「發炎反應」,此時體內白血球開始增加,仰賴白血球的吞噬作用,以便對抗病原體。

　　當兩道防線都無法阻擋病原體的入侵時,人體會啟動第三道防線。第三道防線是全面性的,具有全身反應、專一性、記憶性的特性。

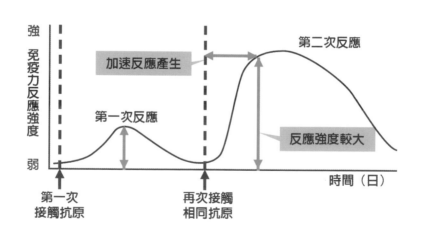

第三道防線主要由**淋巴球**來執行作用，淋巴球具有辨識外來物並產生回應的能力。白血球可分為五種，淋巴球是其中一種白血球。

　　人體的淋巴系統含有兩類淋巴球，其中一類可以破壞被感染的細胞，很特別喔，它清除的對象並不是病原體本身，而是被感染的細胞，這樣可以阻止病原體繼續繁殖。另一類淋巴球可以產生抗體，讓病原體失去感染能力。第三道防線對於病原體是有專一性的，例如由水痘病毒所引發的防禦作用只能對抗水痘病毒的感染，無法抵禦感冒或 B 肝病毒。

下課5分鐘·動動手動動腦

① 病原體也有派上用場的時候？

　　大家都有打預防針，接種疫苗的經驗吧！你知道嗎？疫苗就是由各類病原體等製成的，是用於預防接種的生物製品。製作原理是將減毒或去毒性的病原體、遺傳工程疫苗等送入人體，讓淋巴細胞先行接觸去毒或減毒的病原菌，或病原體製造的毒素，以形成「記憶型淋巴細胞」。如此可使得未來在真正的病原菌入侵身體時，迅速且有效地啟動防禦機制，縮短免疫系統對此病原體之反應時間並增加反應強度，以阻止或降低病原菌的危害，而達到預防的效果。怎麼樣？是不是令人大吃一驚呢？

② 動手畫畫看！

　　複習一下本章的所有圖表，蓋上書本。自己動手畫一張植物體內水分和養分運送的路徑圖吧！畫完之後，再翻開書對照一下，看看自己學會了多少，反覆幾次下來，會對你的理解和記憶都非常有幫助喔！

③ 開口唸唸看！

　　試試看說出人體循環的路徑，從上下腔大靜脈開始吧！不要只是用背的喔，而是在腦內默想一張循環系統圖。就像一張地圖一樣，你默想一張台灣地圖，也可以很輕易說出火車路線從台北到高雄會經過哪些地方吧？試試看！

第 5 章

生物體的協調作用

認識神經系統、內分泌系統、植物的感應

本章學習目標

給學生

生物體的協調作用也是讓不少孩子卡住的一關。有趣的知識就這樣遲遲進不了大腦，越學越感覺挫敗。沒關係！國小自然科沒有學過相關知識，一開始當然很難進入狀況。跟著老師的說明一步步來吧！

給老師家長

協調的原理要說明起來有點困難，因為過程常常是發生在生物體「內部」的事情，本章盡可能以容易聯想、容易觀察的例子和生活情境為例，希望能引導孩子從自己生活聯想、理解。師長可以協助孩子舉一反三，讓學習更容易建立成就感！

關鍵字提示

神經元 # 中樞神經 # 周圍神經 # 意識動作 # 反射動作 # 內分泌
激素 # 糖尿病

我們在第一章提過，所謂生命現象指的是**生長、生殖、感應、代謝**，這一章要講的，就是「感應」這一項。從字面上可以將「感應」解讀為針對一個刺激有所感覺並做出適當反應。例如，今天冷鋒過境氣溫下降到攝氏 10 度，我們覺得冷，於是加了件外套。氣溫下降是環境的改變，稱為「刺激」，覺得冷是「感覺」，加了件外套是「反應」；如果沒有外套，身體會發抖，發抖也是「反應」，這些感應對生物體的存活，都是不可或缺的保護機制。但「感應」不只有這些喔！身體內部還有一些我們較難感受到的「感應」，例如吃飽飯後血糖會升高，「血糖上升」這種感應，就是我們無法感受到的，只有身體知道，其反應是分泌胰島素將血糖濃度降低，這樣才不會得糖尿病。這類存在於身體內部的反應，是針對身體內部環境的刺激做出適當的反應。這樣的反應必須要身體中許多細胞、器官、系統相互溝通、合作以協調完成。動物是藉著神經系統和內分泌系統共同來完成「協調作用」。而植物，雖然沒有神經系統，卻一樣能因應環境變化產生反應，是非常獨特的感應。

認識神經系統

　　神經系統是生物體內各種不同的系統中最奧妙、最神祕也最錯綜複雜的。我們知道神經系統最重要的功能是傳遞訊息，我們先將神經傳導比喻為現在各式有線傳訊系統（如有線電視或有線電話），都是以電來做為媒介，但是神經系統複雜多了。此外，神經系統中的主宰：腦，要將神經傳遞過來的簡單訊號，翻譯成可以被理解的指令，才能在不同部位、不同功能的腦之間進行協調工作。

　　我們以人體的神經系統為例來說明。系統中包括腦、脊

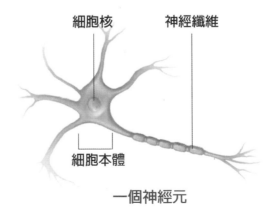

細胞核　　　神經纖維

細胞本體

一個神經元

髓等器官，主要由神經元所組成。神經元就是神經細胞，負責傳遞訊息，神經元包含細胞本體和神經纖維兩部分。細胞本體是神經細胞中有細胞核的那一部分，神經纖維是細胞向外的突起，長短及數量不一。人體的神經系統依細胞本體所在的位置及特性，可簡單以表格整理如圖。

中樞神經系統包含腦和脊髓，內有許多細胞本體，負責整合、協調全身傳入的各種資訊，發布命令控制全身的活動；周圍神經系統則是負責傳送感覺與運動的訊息。將感覺、接收到的訊息輸入，傳向中樞的是感覺神經元，將中樞發布的訊息

輸出的是運動神經元。

　　中樞神經系統中的大腦管很多，但都是分區負責，包括感覺、語言、記憶、運動、思考等。

　　這麼多功能，該怎麼記啊？別苦惱，凡是你能感覺得到、

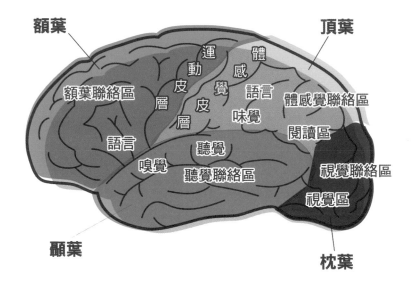

額葉

頂葉

額葉聯絡區

運
動
皮
層

體
感
覺
皮
層

語言

體感覺聯絡區

味覺

閱讀區

語言

聽覺

嗅覺

聽覺聯絡區

視覺聯絡區

視覺區

顳葉

枕葉

↑ 這是大腦左半球功能示意圖。大腦、小腦皆有左、右半球之分，左半球控制身體右邊，右半球控制身體左邊。這一張圖主要在強調分區負責的現象。

做得到的，一切都算在大腦的管轄範圍，我們稱之為**意識動作**。例如，老師點名，你聽見自己的名字時舉手回應「有」。「聽到」、「舉手」、「說話」都是你可以做到的，都是「意識動作」，屬於大腦管控範圍。

又例如，眼睛的視網膜有受器，接受了光波，順著神經纖維傳達到腦，進入大腦中的視覺中樞時，我們就有「看到」的感覺。所有感覺產生的模式大約相同。「刺激」之後常常緊接「反應」，假設看到球傳了過來，我們伸手去接，這是一個由大腦發出的命令，但由周圍神經傳達到手部肌肉去完成反應。

這裡的「刺激」指的是：外在環境或生物體內中的任何變化。前面提過了，例如氣溫下降、老師叫你、血糖升高等，都是「刺激」的一種。動器是產生反應的部位，包括肌肉或腺體。凡是四肢或軀幹的動作都是肌肉在反應，但有時流汗、流淚、消化液分泌則是腺體在負責反應。

受器接受刺激後到動器完成反應的時間很短，只有不到

一秒的時間，但現在，我們要以「慢動作」的放映方式，來仔細看看到底經過了哪些途徑？

還記得嗎？神經系統類似有線傳訊系統，是一個細胞傳給另一個細胞所完成的。我們先以這張圖來表示神經傳導途徑。

神經衝動的傳導是具有方向性的，出發地點是受器，目的地是動器。中途還要經過三個站，其中感覺神經元就是負責把受器接收的訊息傳到中樞，而運動神經元就是負責把中樞發布的命令傳到動器。

我們再看另一張圖，可以看得更清楚。

咦？怎麼多出了脊髓？底下還有一個問號？這是什麼站

啊？這可是神經傳達途徑的高速公路，意思是脊髓的傳導速度比較快。那麼，何時該上高速公路呢？這就要依人體地圖來判斷喔。

例如，你看著考卷，思考後寫下答案。就這個簡單的刺激反應，我們來看看中間要經過哪些地方。

第一站：一定是受器，既是「看」題目，受器在眼睛裡。

第二站：一定是感覺神經元，負責把訊息傳向中樞。

第三站：哇，要不要經過脊髓呢？看看人體地圖，眼睛離大腦很近耶！脊髓從頸部開始，所以不用上高速公路。就像從台北車站要去總統府，不必特地繞路上高速公路。所以，第三站是「中樞」。從第 91 頁的圖可以知道中樞分為大腦、小腦、腦幹、脊髓，「看」是視覺，感覺和思考中樞都在大腦。所以第三站中樞是大腦。

第四站呢？哇，又來了！這次要不要經過脊髓呢？再看看人體地圖，寫答案要用手，手是目的地，位於頸部以下，當然要上高速公路囉。

第五站：一定是運動神經元，負責把中樞發出的命令傳向動器。

第六站：很簡單，是目的地，手部肌肉。

重新整理一下傳導途徑，就是：**眼內受器→感覺神經元→大腦→脊髓→運動神經元→手部肌肉**。

繼續看下一個例子，這次的例子是手觸碰到滾燙的燒水壺之後，迅速縮回。

基本的傳導途徑不變，依然是**受器→感覺神經元→中樞→運動神經元→動器**。受器是皮膚，動器是手部肌肉。這次的「關鍵字」是「迅速」，表示這種刺激對人體有害，要以最短的時間完成反應才能將傷害降至最低。想達到「最短的時間」有兩個方式，一種是「加快速度」，一種是「縮短途徑」，所以這裡的中樞就是脊髓，脊髓就可以發布命令，立刻將手收回。所以反應途徑就是：**手部皮膚→感覺神經元→脊髓→運動神經元→手部肌肉**。像這樣中樞不位於大腦的動作，稱為反射動作。

你當然還是會覺得痛，也得看看是否有燙傷，但這些都屬於意識動作，當然還是由大腦發出的命令。也就是說這個訊息會由不同的傳導方向完成一連串反應，我們分開來介紹會比較單純、好理解。

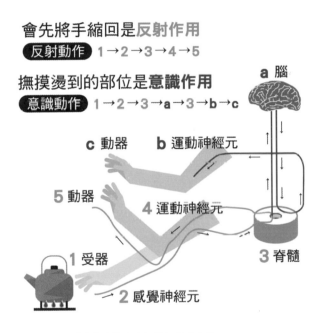

會先將手縮回是**反射作用**
反射動作 1→2→3→4→5

撫摸燙到的部位是**意識作用**
意識動作 1→2→3→a→3→b→c

a 腦

c 動器　　b 運動神經元

5 動器　　4 運動神經元

1 受器

2 感覺神經元

3 脊髓

↑ 手觸碰到滾燙的燒水壺之神經傳達途徑。

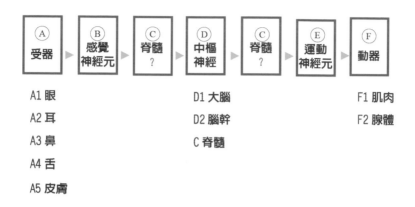

| A
受器 | B
感覺
神經元 | C
脊髓
？ | D
中樞
神經 | C
脊髓
？ | E
運動
神經元 | F
動器 |

A1 眼　　　　　　　　D1 大腦　　　　　　　F1 肌肉

A2 耳　　　　　　　　D2 腦幹　　　　　　　F2 腺體

A3 鼻　　　　　　　　C 脊髓

A4 舌

A5 皮膚

認識內分泌系統

　　內分泌系統也是負責人體協調作用的系統，它與神經系統相輔相成，共同調節身體的生長、代謝，維持體內環境的穩定，並影響行為。但它常常被忽略，因為內分泌系統「無感」。例如前面提過的例子，吃完飯後血糖上升，內分泌系統中的胰島細胞會分泌胰島素，讓血糖濃度下降。又例如，小朋友犯錯後，看到爸媽生氣的表情或聽到責罵的聲音，會心跳加快，血壓上升。「看到」或「聽到」是神經系統在運作，心跳加快，血壓上升則是由內分泌腺中的腎上腺素協助完成。

內分泌系統由內分泌腺所組成。你可能會想問，那有外分泌腺嗎？有喔。外分泌腺製造及分泌化學物質，透過導管將所分泌物質送到體表或某空腔中，這些地方被視為「體外」，就是皮膚和黏膜之外。身體大多數的腺體都屬於外分泌腺，例如：汗腺、淚腺和消化腺等。我們以一張圖來複習一下消化系統中肝、膽、胰這一部分。肝臟分泌膽汁，有導管將膽汁送到膽囊，膽囊也有導管再將膽汁送達小腸上端以執行作用。此外，胰臟分泌的消化液也有導管將胰液送達小腸中。所以，外分泌腺又稱為有管腺。

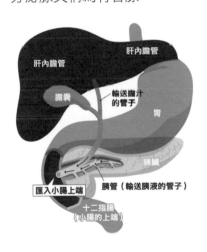

肝內膽管
肝內膽管
膽囊
輸送膽汁的管子
胃
匯入小腸上端
胰管（輸送胰液的管子）
胰臟
十二指腸（小腸的上端）

　　由內分泌腺所分泌的化學物質，叫做**激素**，也叫「荷爾蒙」，由英文字 Hormone 音譯而來。激素是隨血液輸送至其作用的細胞，內分泌腺並沒有自己專屬的導管，又稱無管腺。就像宅配物品時，搭乘大

眾運輸系統一樣。請回想一下，血漿中的成分有養分、廢物、激素、抗體。現在，你應該明白，為什麼血漿中有激素。

激素的功能在於協調體內的化學變化，來維持生理機能的恆定。激素在體內的含量極少，但必須適中，過多或過少，對生物體都不利。

我們以一張表格簡單呈現內分泌腺在人體的位置圖，及其所分泌的激素和主要功能。

內分泌腺	激素	主要功能
腦垂腺	生長激素	促進個體生長
	促進激素	影響其他內分泌腺的作用
甲狀腺	甲狀腺素	促進細胞代謝作用，以調節生長
副甲狀腺	副甲狀腺素	調解體內鈣、磷的濃度
胰島	胰島素	降低血糖濃度
	升糖素	提高血糖濃度
腎上腺	腎上腺素	提高血糖濃度、使心跳加速、血壓上升，以應付危急情況

圖中標示：腦垂腺、副甲狀腺（包埋於甲狀腺內）、甲狀腺、腎上腺、胰臟（含胰島）、卵巢、睾丸

內分泌腺	激素	主要功能
卵巢 （女性）	雌性激素	促進卵的成熟與發育、促進女性第二性徵產生
睪丸 （男性）	雄性激素	促進精子的成熟與發育、促進男性第二性徵產生

認識「胰島」和「腎上腺」

在所有內分泌腺體中，我們只挑兩個來解說。

胰腺又稱「胰臟」，位於胃的後面，會分泌胰液，再以導管將其所分泌的多種消化酵素送入小腸，在小腸內可以分別消化脂質、醣類、蛋白質。這些細胞所扮演的角色是外分泌腺，占了整個胰臟的 99% 左右。還有 1% 的細胞散落在胰臟中形同海中小島，稱為「胰島」。它會分泌激素並由血液運輸，因此也是內分泌腺，其所分泌的激素中以胰島素和升糖素最為人所熟知，它們主要的功能就是調節血液中葡萄糖（血糖）的濃度。我們吃飽飯後，醣類養分會在消化系統中被分解為葡萄糖，而後由小腸吸收進入循環系統致使血糖濃度升高。

這時，胰島便會分泌胰島素，促使人體血液中的葡萄糖進入組織細胞，並用掉葡萄糖，也會加快葡萄糖轉變成肝糖，如此便可以使血糖濃度下降至正常值範圍，不致引發糖尿病（血糖過高，糖分隨尿液排出，即為糖尿病）。

但當血糖被大量用掉，導致血糖濃度不足時，也會刺激胰島分泌升糖素，促使肝臟細胞內儲藏的肝糖分解為葡萄糖，釋放到血液中，提升血糖含量。

大家一定有逛便利超商的經驗，雖然人來人往，但架上的貨品數量卻似乎一直差不多，為什麼呢？明明很多人來買東西啊！沒錯，架上的東西被買走之後，店員就會從後面的倉庫再將貨品補滿。肝臟就形同是暫存血糖的倉庫。

我們用一張圖表來總結。

接下來聊聊**腎上腺**。「腎上腺」位於腎臟的上方，左右兩側各有一個，可分泌腎上腺素。生物在面臨危急情況時，腎上腺素可是保命金鑰。

怎麼說呢？來運用你的想像力吧！如果我們在叢林中遇見了老虎之類的野獸，「害怕」會比「生氣」更「有用」！因為害怕，你才會知道要逃，這時候唯一的存活之道就是快速逃跑。奔跑需要能量，能量來自於葡萄糖的氧化，葡萄糖、氧氣的運輸都需要循環系統協助。此時，腎上腺素的分泌量大增，使儲藏在肝臟中的肝糖轉變為葡萄糖釋放到血液中，提高血糖含量，同時也可促使心搏加快，肌肉的血管擴張，增加血液量，如此可以使肌肉強而較持久的收縮，才得以逃過虎口。如今，生活在現代的我們，沒有機會遇見野獸，但生活中還是有一些壓力，例如運動競賽、發怒或恐懼時，腎上腺素分泌也會增加，以產生強大的力量來應變。

所以，胰島細胞產生的升糖素與腎上腺素都有增加血糖的功能。那麼，問題來了，這兩者有差異嗎？

如果血糖太低，胰島細胞就會分泌升糖素，將肝糖分解為葡萄糖。也就是身體若有足夠的升糖素時，就無需腎上腺素來升高血糖。

兩者的差異為：腎上腺素是在人體遭受重大刺激時大量分泌，而升糖素卻不會因任何危急而增加分泌量。我們大約了解升糖素是飢餓時分泌，腎上腺素主要是較緊急時分泌這樣就可以了。這就是為什麼許多運動賽事中，選手會禁止施打腎上腺素。

認識植物的感應

我們靠近一隻蝴蝶、蜥蜴或鳥，牠們會迅速逃離，但你觸碰植物時，它只能任人宰割，於是你會下一個結論：「因為植物沒有神經系統」，我們甚至以「植物人」來形容已經失去意識，但還有呼吸心跳的人。

是的，植物的確沒有神經系統，但不代表它們沒有感覺、不會反應。它們並不是不會動，它們只是不像動物一樣，對

於環境的變化可以做出快速而肉眼可見的反應。它們回應的步調和規模比動物更細緻，接受感覺與產生反應的方式也與動物不同，這就是為什麼植物對於環境的回應容易被我們忽略。

雖然很難站在植物立場去理解它們的感應，但透過觀察，你可以發現許多植物的動作頻繁，不停對周遭環境的刺激做出反應。

植物的「向性」是什麼？

植物行光合作用的時候，會表現「向性」，頂芽的生長點就好像有「視覺」一樣，看得見陽光的方向。植物也會因為感覺到重力，莖自然而然地背地生長，這些感應稱為為**向性**，和生長素分布不均有關。

但植物的感應絕非僅止於此，在森林裡，我們也可以發現植物很懂利用空間，以爭取陽光或避免過度擁擠。植物有很強的再生能力，它們受傷時會修復傷口治療自己，這也是一種

感應。如果一棵樹木被強風或人為砍去枝幹，只要樹還活著，樹木就會自動調整樹形，以平衡整棵樹體的重心。還有，每到秋天，落葉喬木的葉子會轉變成紅色、黃色、褐色，紛紛落下，落葉現象就是一種對季節變化的感應。同理，葉片上氣孔的開或閉、開花時間與長出新葉也都是植物對環境變化展現出來的反應。這些現象並不難觀察，只是需要花較長時間注意。若是想要在短短幾秒間看到明確的動作，**含羞草的觸發運動**以及**捕蠅草的捕蟲運動**，就是最容易觀察的感應了。

　　植物為什麼會有向光性？這是因為莖背光的一側生長激素較多，所以生長快，向光的一側生長激素較少，生長較慢，於是莖的頂端便往生長速度較慢的一方彎曲，也就是朝向光源方向生長。仔細觀察家裡陽台的植物，是不是常常往外發展去了？如果陽台沒有植物，你可以播種幾顆綠豆，置於窗邊等它們長成小苗，過一段時間，你很快就會看到小苗慢慢朝窗邊彎曲生長。

　　植物的向性中，無論是莖的「向光性」、「背地性」，

或是根的「向地性」、「向溼性」、「背光性」，或是「向觸性」的捲鬚，都是和生長素的分布不均有關。

↑ 種點作物，就可以在家簡單觀察植物的向性。光源在右方，植物向光源一方彎曲。

生長（激）素這名詞，是不是聽起來有點熟悉呢？因為這也是人體內分泌系統中由腦垂腺分泌的激素之一，與個體生長有關，在成長過程中分泌太多可能造成巨人症，分泌不足則為侏儒症。這裡的生長素是植物體內與生長有關的激素，我們要理解的是植物也和動物一樣體內都有各種激素，但功能各異，就像植物體內也有許多酵素，但和動物體內的酵素是不相同的。所以，你如果在媒體上看到「鳳梨打生長激素，加速成長，小孩吃了可能會性早熟」這種新聞，別窮著急，吃「植物」的生長激素是不會影響「動物」的。

神祕的含羞草和捕蠅草

　　至於含羞草的觸發運動以及捕蠅草的捕蟲運動又是如何產生的？這就和激素完全無關喔！而是和植物葉柄基部**葉枕細胞的膨壓變化**有關。

　　含羞草的葉柄和小葉基部都具有「葉枕細胞」，當葉枕細胞吸水膨脹時便產生膨壓，使葉柄直立、小葉張開。如果受到接觸刺激時，葉枕細胞便失水而膨壓降低，導致葉柄下垂、小葉閉合。

　　「膨壓」，就是細胞內水分對細胞壁造成的壓力，大部分成熟的植物細胞中都有一個很大的液泡，當液泡內充滿水分時，就壓迫周圍的細胞質，使它緊緊貼向細胞壁，而給予細胞壁一種壓力，這就是膨壓。當

↑ 圖為含羞草的觸發運動。葉柄下垂，小葉閉合。

細胞內水分快速流出細胞時，水對細胞壁的壓力變小，植物的莖或葉便下垂。

↑ 酢漿草的睡眠運動。

　　有些植物的葉片在一天中的某些時段裡會有葉片下垂的現象，如酢漿草，這樣的現象稱為**睡眠運動**。此種睡眠運動和觸發運動的原理相同，都和葉柄基部葉枕細胞的膨壓變化有關。

　　有些食蟲植物會做**捕蟲運動**，原理也是和膨壓有關。例如捕蠅草，當昆蟲飛到特化的葉上，碰觸

↑ 曾被達爾文形容成「世界上最精采的植物」就是捕蠅草。會吃昆蟲一類的小型節肢動物。

↑ 這種食蟲植物「毛氈苔」，靠著葉片上濃密的腺毛，腺毛上有膠水般的分泌物，得以吸引昆蟲靠近，並將獵物牢牢黏住而後消化。

到葉上的感應毛，會使葉
子的細胞產生膨壓變化，
促使葉子閉合，以捕捉昆
蟲。

　　還有一些進口的豬籠
草屬植物，葉片會特化出
有蓋子的瓶狀囊，消化液
在瓶底積成水池，一旦獵
物落入瓶裡的消化液中，
它就有了一瓶鮮雞精般的
營養品可以享用了。有趣
的是，獵物跌入瓶中時，
是逃脫不了的，蓋子並不
會闔上，從頭到尾，它不
需要任何動作，就可以完
成「食蟲」這件事。

↑ 豬籠草的「籠子」內有消化液。

↑ 跌落豬籠草籠子內的蛾。

植物雖然沒有神經系統，但所表現出來的感應依然令人讚嘆！希望你也可以養個小盆栽，無論是含羞草、酢醬草或豬籠草等，花一點時間去照顧一棵小植物，也可以順便觀察這些植物傑出的感應喔！

① 利用第 98 頁的圖，我們再來練習以下幾道題目，看看正確的傳導途徑應該是什麼順序？答案在本頁下方。

（1）看到球傳了過來，我們伸手去接。傳導途徑應該是如何？

（2）聽見自己的名字時舉起手來。傳導途徑應該是如何？

（3）走路時不慎踩到鐵釘，腳立即縮回。傳導途徑應該是如何？

② 請思考一下，你是否聽過有人說某某人「說話不經大腦」呢？請問這件事情可能嗎？請想一想。

　　答案是，「說話不經大腦」是不可能的任務喔！因為語言中樞位於大腦。這句話意指著說話不經大腦仔細思考而得罪人，但對於說話這件事，大腦肯定是必經之路。

第一題答案

（1）A1 → B → D1 → C → E → F1

（2）A2 → B → D1 → C → E → F1

（3）A5 → B → C → E → F1

第6章

生物體的恆定

認識恆定性、呼吸與氣體的恆定、
血糖的恆定、排泄與水分的恆定

本章學習目標

給學生

運動前後每分鐘心跳次數會有所變化，可經由簡單測量得知。事實上，「心跳測量」就是一種恆定現象的觀察。恆定性的概念在人類日常生活過程中具有重大意義，在生物學上也有相當的重要性。掌握這個觀念，你可以很輕鬆學好生物喔！

給老師家長

關於恆定性，小學生最熟悉的名詞大約是「呼吸」了，但大部分學生對呼吸充滿迷思，例如，多數人以為呼吸作用只發生在肺臟。大家知道任何動物的呼吸作用都需要氧氣，但很多學生不理解植物呼吸也需用到氧氣，許多觀念都有待釐清修正。

關鍵字提示

恆定性 # 外溫動物 # 內溫動物 # 呼吸作用 # 呼吸運動 # 血糖 # 排泄作用

什麼是恆定性？你如何讓自己的體溫恆定？

我們在第五章提過，如果今天冷鋒過境，氣溫突然下降到攝氏 10 度，皮膚上的受器會偵測到這訊息，接著由感覺神經元傳入中樞，這時大腦會解讀寒冷，就會發出一個「加衣服」的命令，由運動神經元將此訊息帶到動器，由手部肌肉完成。這個協調動作不只是讓我們感覺暖和，還是個保命機制，讓我們免於凍死。生物體除接受環境刺激，產生適當反應，還會自動調節各種生理作用，使體內環境保持在穩定狀態，這樣才得以維持生命。所以當我們有疼痛、寒冷、飢餓等不舒服的感覺時，都是一種負責通知身體「啟動**恆定機制**」的訊息，這樣才能保護身體免於傷害。

以人體為例，除了體溫需要維持穩定，前一章還有提過血糖濃度，此外水分的含量、血壓的高低、心搏和呼吸次數、各種體內離子的濃度等許多生理現象，都需要維持在某一特定正常值的範圍內，這種現象稱為**恆定性**。

恆定性和翹翹板的關係

　　你玩過翹翹板吧？「恆定性」和翹翹板的概念有點像。翹翹板立於一個支點上，要時時刻刻努力維持平衡，不可有任何一端跌落到地上。以人的體溫恆定為例，我們多半從經驗可以知道其恆定範圍值約在攝氏 35 至 37 度之間，如果你

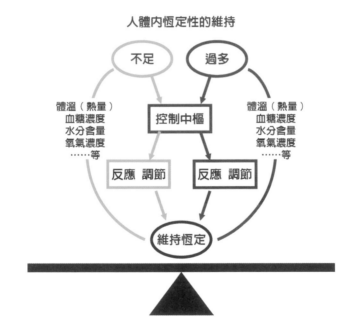

人體內恆定性的維持

不足　過多

體溫（熱量）　　　　　　　　　　　　體溫（熱量）
血糖濃度　　　　控制中樞　　　　　血糖濃度
水分含量　　　　　　　　　　　　　水分含量
氧氣濃度　　　　　　　　　　　　　氧氣濃度
……等　　　反應　調節　　反應　調節　　……等

維持恆定

現在的內部體溫是 36 度，我們可以得知沒有發燒，這是平衡的結果，外觀上是一種靜態的現象。兩個人一起玩翹翹板的時候也是一樣，需要兩端達到「平衡」，大家都知道如果往前一點、退後一點、玩伴的體重輕一點或重一點，各種因素都會讓翹翹板忽高忽底、忽起忽落，而這時大家就要調整位置或姿勢才能使翹翹板繼續維持平衡。換言之，「維持平衡」是一個過程，同理，身體內部的恆定也是由許多複雜的過程才得以達成的。

人類如何讓體溫恆定？

你有沒有想過，一鍋熱湯放在桌上，隔段時間後就涼了，一根冰棒離開冰庫很快就融化了。但寒流一來，氣溫驟降到攝氏 10 度，我們的體溫，卻還是攝氏 36 度，我們是如何讓體溫恆定的？

「因為我們是恆溫動物啊！」可能有人會這樣回答。沒錯，這是標準答案，所有生物之中，唯有鳥類和哺乳類演化成

為**內溫動物**，又稱恆溫動物。

　　但是，如果我繼續追問：「內溫動物是如何維持體溫恆定？」這就難了。因為恆定的過程包含許多生理機制運作現象，因為都發生在身體內部無法觀察，所以顯得抽象許多。

　　如果將人體的體溫調節形容為屋子的空調系統，當氣溫升至攝氏 35 度，而我們將室溫設定為攝氏 28 度，這時空調系統一定會偵測到溫度太高，而啟動機器運作，將溫度調降下來。同理，我們體內也有「溫度偵測器」，那就是皮膚中的溫覺、冷覺受器，感覺神經元會將訊息傳向中樞。請回想一下，控制體溫中樞不在大腦，因為大腦是意識中樞，我們無法隨意管控體溫，所以體溫的控制也是反射動作喔。

　　再看一次上一章學過的神經傳導途徑。

受器 ▶ 感覺神經元 ▶ 中樞 ▶ 運動神經元 ▶ 動器

　　如果是天氣炎熱時或運動後，接受溫覺的受器會將訊息

傳向中樞，中樞會發出訊息啟動散熱機制，體內的散熱機制就是：皮膚表層的血管擴張，流入體表的血液量增加，流速也較快，如此便可促進體熱發散，這就像馬路拓寬、車流量得以增加，需要運送的物資或垃圾都能提高輸送速率。加上皮膚內有汗腺，此時汗量也會增加，汗液蒸發是需要能量的，體熱提供了蒸發所需要的能量，當然也就將體表溫度降低而達到了散熱的目的。此外，炎熱也會造成食慾減退，活動遲緩，如此可以減少體熱的產生。

如果是天氣寒冷，反應則是相反的。皮下血管收縮，血流量減少，排汗量減少，體熱的散失隨之減少。此外，還會增加食慾，養分消化吸收後的分解可以產生許多能量。請看第122頁內的圖片，可以很清楚看懂體溫恆定的維持過程。

由人體體溫的恆定可以了解此過程涉及神經系統、循環系統、消化系統等，因此，我們可進一步理解：恆定性的維持與運作經常要數個系統相互協調，才能達到平衡的目的。

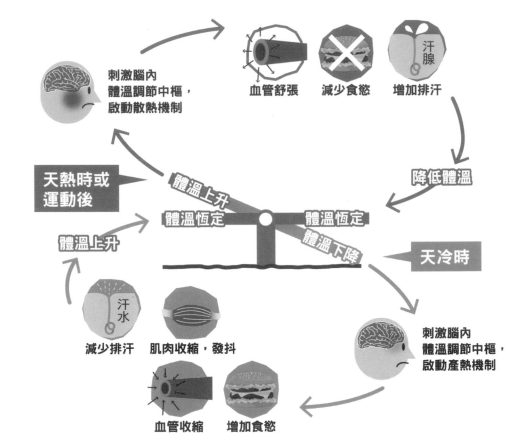

減少排汗　　肌肉收縮，發抖

血管收縮　　增加食慾

認識呼吸與氣體的恆定

讓我來問問大家。

「什麼是呼吸作用？」

每次問班上同學，一定會有人直覺回答：「呼吸就是吸進氧、吐出二氧化碳啊！吸、吐、吸、吐。」其實，生物學上的呼吸作用可不是這麼簡單喔。而是指「生物體在細胞內把葡萄糖等養分分解，並釋出能量的過程」，又稱**細胞呼吸**或**內呼吸**。這裡要請大家注意，重點是**釋出能量**，因為**呼吸作用最主要的目的就是產生能量**。大部分的生物在呼吸作用的過程中都需要使用氧氣，大多在細胞的粒線體內進行，同時會產生二氧化碳和水等物質。當然了，也不要忘記酵素喔，沒有這些助手，可就難以完成這項維持生命的重責大任。

我們先用一個簡式來表達呼吸作用。

養分（例：葡萄糖）＋ 氧 ➜ 二氧化碳＋水＋能量

是不是感覺有一點熟悉？讓我們回頭去看看光合作用的簡式。

$$水 + 二氧化碳 \xrightarrow[葉綠體]{日光} 氧氣 + 葡萄糖$$

你發現了嗎？兩個簡式相較之下，很明顯就是逆向反應嘛。光看反應物和產物，的確是。但反應過程不一樣，參與的酵素種類也完全不同。

我們再回憶一下，地球上所有能量的來源都是來自太陽，生命世界中，能源是透過植物行光合作用取得。光能無法直接被儲存，必須透過化學物質轉成化學能儲存，例如存在醣類、脂質、蛋白質中，要用的時候再將之分解，轉換為細胞可以利用的形式，這個分解養分產生能量的過程就是呼吸作用。

我們以第 125 頁這張圖來表示呼吸作用和光合作用。

生物體是個非常複雜的機器，我們知道生物的基本單位是細胞，以人體為例，全身約有 60 兆個細胞，這些細胞都各

光合作用與呼吸作用

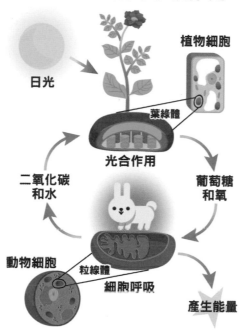

日光

植物細胞

葉綠體

光合作用

二氧化碳和水

葡萄糖和氧

動物細胞

粒線體

細胞呼吸

產生能量

有其功能，必須分工合作才能維持機體的正常，當然要有能量才能工作。所以囉，呼吸作用就是發生在每個細胞中直接供給細胞能量，無論是植物或動物、白天或晚上，就像心跳一樣全年無休。

至於「吸進氧、呼出二氧化碳」，這不是「呼吸作用」，而要稱為「呼吸運動」。大家先深吸一口氣，感覺一下自己有沒有抬頭挺胸，有「動」的感覺？因為這時肋間肌收縮肋骨上升、橫膈肌收縮下降，此刻胸腔的體積變大，肺也隨著變大，外面的空氣便進入肺臟，這就是吸氣。接著，再吐氣，這次是不是有一種垂頭喪氣，「動」的感覺？因為這時肋間肌舒張肋骨下降、橫膈肌舒張上升，胸腔的體積變小，肺也隨著變小，肺臟的空氣便流到體外，這就是呼氣。

　　呼吸運動是必要的，因為呼吸作用中不停的用掉氧氣，產生二氧化碳，我們要靠循環系統將二氧化碳輸送到肺，經由呼吸系統完成交換氣體的工作。

　　那麼，我們又是如何維持氧氣、二氧化碳濃度的恆定呢？

再看一次這張圖中的協調途徑。很多人可能誤以為：中樞接收到受器傳來「缺氧」的訊息，就會發出呼吸運動加快的命令。不對喔，大家想一想，密室中燃燒瓦斯產生的一氧化碳中毒就是缺氧，但通常過程中不會增加呼吸頻率，所以很難察覺，同理，上高山時因空氣稀薄而發生的高山症，過程中呼吸運動也並未加快。換句話說，呼吸中樞無法得知「缺氧」的訊息。

　　猜猜看，誘發呼吸運動的刺激物不是「氧」，那會是什麼呢？很特別喔！主要是「二氧化碳」。當血液中二氧化碳的濃度增加（並非氧氣含量減少），會刺激腦幹中的呼吸中樞，促使呼吸運動加快，排出二氧化碳，同時吸入氧氣，以維持血液中氣體的恆定。有沒有注意到，呼吸中樞不在大腦喔，也就是非意識動作。雖然大家都有「憋氣」的經驗，但那樣的「意識動作」只能短暫，過不久腦幹就會強迫你作呼吸運動了。

　　此外，我們要特別強調，植物和動物一樣，任何細胞都是一天 24 小時無論白天黑夜，都要進行呼吸作用，一樣是在

粒線體中進行，一樣需要氧氣，一樣要分解養分，也一樣會產生二氧化碳。

怎麼「證明」呼吸作用？小活動

我們可以檢驗呼吸作用的產物：二氧化碳，來證明呼吸作用的進行。

大家都知道檢驗二氧化碳要用澄清石灰水。自製石灰水，就可以進行這項活動了。

石灰水的自製方式很簡單，取石灰加水，靜置後取上層過濾出澄清的部分即可使用。石灰是將石灰石、大理石、貝殼、牡蠣殼等碳酸鈣含量高的材料，經高溫分解而成。我們只需要利用食品（例如海苔）中標示「（生）石灰乾燥劑」的防潮小包裝就可以在家製作了。剪開生石灰袋子，取少量、加水，攪拌後靜置、過濾即可。

取半杯澄清石灰水，以吸管吹氣，很快就看到石灰水變白色混濁。而檢驗植物呼吸作用產生二氧化碳，在教科書裡常

↑ 植株的呼吸作用。

↑ 可利用針筒吸取袋內氣體，但請小心使用，不要被針刺到。

以綠豆種子為實驗材料。在此我們介紹用其他植物來做實驗，例如小盆栽、食用蔬菜或一把小草。先拿個夾鏈袋，將植物放進袋中，置於暗處，放一夜即可檢驗其呼吸作用的產物了。

　　接下來，取出袋內的氣體，將氣體注入石灰水中，石灰水就變

↑ 有兩支試管一起對照比較，左邊是實驗組，取夾鏈袋內的氣體注入石灰水中；右邊是對照組，取夾鏈袋外的空氣注入石灰水中。

得像牛奶水一樣白色混濁了。如果你不方便取出袋內的氣體，迅速將植物取出，將石灰水袋倒入夾鏈袋內，也會一樣是白色混濁的。

認識血糖的恆定

我們在前一章才學過血糖和胰島，記得嗎？

再回憶一下第三、四章，攝取醣類食物後消化為小分子的葡萄糖，接著透過絨毛被吸收至血液中，再由循環系統送到全身供每一個細胞使用。我們食用的米飯、麵食這些醣類都很好消化，易使血糖濃度迅速竄升。還記得在光合作用的單元嗎？我們提過植物製造的葡萄糖就像現金，夠用就好，其餘葡萄糖可以存起來。所以吃飽飯後血糖升高時，多的血糖也會需要儲存起來，這時高血糖會刺激胰島素的分泌，胰島素會促進細胞利用葡萄糖，並讓血糖轉變為肝糖儲存，如此便能降低血糖濃度。

細胞進行代謝作用會消耗葡萄糖，這時葡萄糖會進入細

胞而使血糖濃度降低。當血糖濃度過低時,則會刺激升糖素分泌,使肝糖分解成葡萄糖進入血液中,以提升血糖濃度;同時低血糖也會使人體產生飢餓感,可藉由進食以補充血糖。

　　我們再用翹翹板的概念,將這個過程畫為一張圖看看。

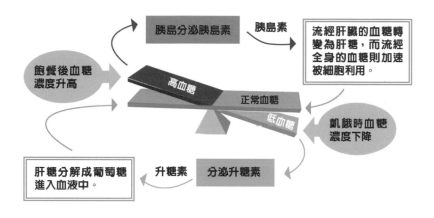

　　另外再看看第 132 頁這張圖表,認識人體內與調節血糖濃度有關的三種激素之分泌時間。

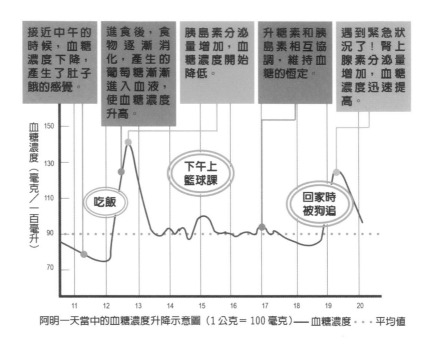

接近中午的時候，血糖濃度下降，產生了肚子餓的感覺。

進食後，食物逐漸消化，產生的葡萄糖漸漸進入血液，使血糖濃度升高。

胰島素分泌量增加，血糖濃度開始降低。

升糖素和胰島素相互協調，維持血糖的恆定。

遇到緊急狀況了！腎上腺素分泌量增加，血糖濃度迅速提高。

血糖濃度（毫克／一百毫升）

150

130

110

90

70

吃飯

下午上籃球課

回家時被狗追

11　12　13　14　15　16　17　18　19　20

阿明一天當中的血糖濃度升降示意圖（1公克＝100毫克）—— 血糖濃度 ・・・平均值

肺和皮膚都是排泄器官？認識排泄與水分的恆定

　　口語上我們常把排便、排尿當作排泄，因此，當我們在課堂上正式回歸這個名詞真正意義時，可能會覺得有點困難。第三章曾經提過「排便是排除身體不能消化的食物殘渣，不能

稱為排泄。」生物學上，**排泄**是指「生物體將代謝過程產生的廢物排出體外的作用」。看到關鍵字了嗎？沒錯，「代謝」。食物殘渣只是不能被消化，並沒有經代謝作用。

再次看看呼吸作用的簡式。

$$葡萄糖 + 氧 \rightarrow 二氧化碳 + 水$$

這是我們最熟悉的代謝了，其中二氧化碳含量在身體內不能太多，必須適量排除這種代謝廢物，所以，排除二氧化碳也是排泄作用。你一定會想到，肺是最主要排二氧化碳的器官，可是，肺不是屬於呼吸器官嗎？問的好，正因為肺會排泄二氧化碳，所以，肺既是呼吸器官，也是排泄器官喔。

但是，我們所分解的養分不會只有葡萄糖一種，如果細胞代謝的養分來源是蛋白質，那麼代謝產物除了二氧化碳和水，還多了一種含氮廢物——氨。這個名詞要好好解釋一下。

蛋白質主要由碳、氫、氧、氮、硫等化學元素組成，不

像醣類分子只由碳、氫、氧三種化學元素組成，所以代謝醣類物質其代謝廢物只有二氧化碳一種。因為蛋白質分子中有氮元素，所以產物就會有含氮元素的分子，就是「氨」。氨的分子式為 NH_3，其中的 N 就是氮的元素符號，之所以稱為廢物是因為這些物質對動物體有害，需要適時排出體外。氨的毒性很強，不同動物有不同的處理途徑。由於氨極易溶於水又能輕易通過細胞膜，因此大多數的水生無脊椎動物是藉由體表以擴散作用方式排除氨。而昆蟲和鳥類會將氨轉換為尿酸，其毒性較弱，再隨糞便一起排除。我們平時看到鳥類排泄物裡面，白色的部分就是尿酸。

而人類及其他哺乳類，主要是在肝臟中將

↑圖為翠鳥正在吃魚，之後消化魚肉中的蛋白質，代謝蛋白質產生含氮廢物（氨），再轉成尿酸排出，岩石上翠鳥排泄物裡面白色的部分就是尿酸。

氨轉變為毒性較小的尿素，尿素一樣有毒，只是毒性較小，一樣要排出體外。尿素溶於血液中，經動脈流入腎臟過濾，尿素、過多的鹽類和水等形成尿液排出，其他在繼續往靜脈流動；另外當人體流汗時也會將水分及尿素排出體外。所以，皮膚也是排泄器官，因為皮膚排汗時，也排除了部分代謝廢物。

還記得第四章中學過的，血漿中有什麼東西呢？是養分、代謝廢物、抗體、激素。人體主要的代謝廢物就是二氧化碳和尿素了。特別說明，將氨轉變成尿素的器官是肝臟，不是腎臟。腎臟是過濾尿素產生尿液的地方，是真正的排泄器官。說得通俗一點，就是體內最重要的「排毒高手」。

當「排毒高手」腎臟功能衰退時，體內的尿素無法完全出尿液中排出，於是這些含氮代謝物會積存在身體，造成種種不適症狀及併發症，稱為「尿毒症」。台灣尿毒症患者比例根據資料顯示，在全世界排第二名，這實在不是什麼台灣之光。腎臟功能低到某一個程度，醫生就會以「洗腎」的方式來治療。

如果生活上能注意飲食、運動、睡眠，生活作息規律，我們的身體自然健康。學到這裡，你應該早就對生物努力運作的機制驚嘆不已了！我們的身體總是奮力不懈地維持體內所有需要平衡、恆定的大小事情，它們這麼努力工作，目標只有一個：就是讓我們活著。

① 在檢驗植物呼吸作用產生的二氧化碳實驗中，為什麼要將植物放在暗處？

　　放置暗處不是因為晚上才有呼吸作用喔。之所以如此安排，是因為實驗時希望一次只針對一個變因，因此利用黑暗時，不受光合作用干擾，較為單純。

② 常聽到「排毒大餐」，跟排泄有關係嗎？

　　其實這些都是商業行銷手法而已。要談排毒，必須要知道毒是什麼，綜合中西醫的說法，「毒」是指對人體有害的物質，包括細菌、病毒、代謝廢物，甚至是壓力，站在西方醫學的角度，人體的排毒器官正是肝臟和腎臟。維持生活正常，「排毒器官」自然多能順利運作。

③ 所謂的「洗腎」真的是把腎臟拿出來洗一洗嗎？

　　當然不是了！「洗」這個字在這裡用得很傳神，類似洗錢、洗牌中的「洗」，意思是把內容換過、變更，因此跟水無關，當然就不是「把腎臟拿出來洗一洗」了。洗腎的正式名稱，是「血液透析」，藉由機器將患者的血液抽出，引流進入人工腎臟，由機器將毒素及過多的水分排出，代替腎臟的排泄工作，之後再接回患者體內。

第7章

生命的誕生

認識生殖的基礎與細胞的分裂、
無性生殖、有性生殖

本章學習目標

給學生

還記得國小自然課學過動物的生殖和植物的繁殖吧？這些基礎概念很重要，有助於對本章高等生物的繁殖方式，建立初步認識理解。仔細學這一章，你會發現大自然繁衍後代的模式很奇妙喔！

給老師家長

學生對於生殖的概念常侷限於交配或生產，甚至認為僅有動物才有有性生殖、植物中沒有有性生殖。對於這樣的誤解，師長可以引導孩子在生活中找花朵的雌蕊、雄蕊來觀察，也許更容易理解。

關鍵字提示

配子 # 染色體 # 同源染色體 # 細胞分裂 # 無性生殖 # 有性生殖
受精作用 # 卵生 # 胎生

認識生殖的基礎與細胞的分裂

　　「生殖」的定義是指生物產生新個體的生命現象，這似乎是最容易理解的生命現象之一，因為從小到大你一定看過大狗生小狗，雞生蛋，蛋又孵出小雞。又或者一顆地瓜冒出許多芽，再長成好多株地瓜，這些「親代產生子代」的現象在生活周遭並不稀有。不過，學生物的過程中就是要對常見的現象多多探究。例如，大狗生小狗，像這樣產生新個體，你有沒有想到什麼問題？

　　「小狗哪裡來的？」你會這麼問，對吧？接下來我們來仔細說明一下。

認識「有性生殖」和「無性生殖」

　　年幼的孩子答案大都是「從牠媽媽肚子裡來的。」年長一點的孩子答案會更精準些。「小狗是牠的爸媽各給牠一個生殖細胞，兩個細胞結合後，長大而來的。」沒錯。再加一句「兩個細胞結合後，進行細胞分裂而來」這樣又更準確了。除

了小狗，人也是，大部分的脊椎動物、常見的昆蟲、蜘蛛等都是如此。爸媽是雌雄兩種性別，可以產生不同的生殖細胞，稱為**配子**。「配子」是個陌生的名詞，它就等於生殖細胞，也就是精細胞和卵細胞，而「精細胞」和「卵細胞」這兩個名詞，我們就不陌生了。也就是說雄配子就是精細胞，或稱「精子」，雌配子就是卵細胞，或稱為「卵」。雌雄個體分別產生雌雄配子之後，兩種配子需要經受精作用，結合為受精卵才能發育為新個體，這是我們頗為熟悉的「有性生殖」。

「地瓜沒有爸爸媽媽，它的芽又是如何產生的呢？」也許你會想到，有些生物的生殖並沒有爸媽兩種角色，因此，我們對生殖的定義是「親代產生子代」，而不是爸媽生孩子。

至於「沒有爸爸媽媽」的地瓜，親代產生子代時，就是**無性生殖**。無性生殖不需要生殖細胞，只要進行細胞分裂，就可以慢慢長大了。

那麼，有性生殖和無性生殖，似乎大約可以用「是否產生配子及受精作用」來區分。但無論是哪一類型，都需要**細胞**

分裂。

　　什麼是「細胞分裂」？字面上的分裂大約是一分為二，細胞分裂就是細胞一分為二？一個變兩個。接著呢？兩個變四個，四個變八個，八個變十六個……意指細胞數目變多了，若再加上細胞變大，就是生命現象中的「生長」。

　　看字面似乎不難理解，但一分為二這件事若深入思考，就會產生許多疑惑。很多重要的東西一分為二，可能就無法行使正常功能了，例如我們不能把家裡的鑰匙分一半，否則就會無法正常用來開門鎖。細胞裡也有一種非常重要的東西是不能隨意減少的，那就是承載生物體內所有遺傳物質的構造，稱為**染色體**，它因為能夠被特定染劑染上顏色，所以稱為「染色體」。

染色體

　　先簡單介紹染色體的發現與數目，構造與遺傳的關係留待第八章再詳細說明。1879 年，德國生物學家弗來明在細胞

核內發現了一些絲狀、分散的、染色深淺不一的東西，稱為**染色質**。而在細胞進行分裂的過程中，染色質會不斷地濃縮捲曲成較粗短、染色均勻、長短不一的緊密物體，1888 年，正式被命名為染色體。

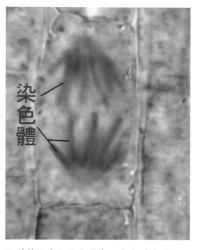

染色體

↑ 洋蔥根尖細胞分裂中，染色體長條狀。細胞分裂時，看不見細胞核，染色體會出現。分裂的過程中，染色體會移向兩端分給兩個細胞。

每一種生物的體細胞，其染色體的數目是特定的。例如狗有 78 條，大猩猩有 48 條，青蛙有 26 條，果蠅有 8 條，碗豆有 14 條，人類是 46 條，豬、貓、獅子都是 38 條，釀酒酵母 32 條。舉了這麼多例子，是要告訴人家，不同的生物染色體數目多不相同，即使相同，內容也有所不同。另外，大家有沒有注意到，上面的數字都是偶數？因為體細胞內的染色體通常是兩兩成對，每一對就是大小、形狀相似的兩條染色

體，一條來自父方，一條來自母方，稱為「同源染色體」。這個中譯名詞容易讓同學誤解為「同一個來源」，明明是父母雙方不同來源啊！其實同源的原文（homologous），有同樣來源及同型的、相似的兩種意思。也許當初譯成「同型染色體」困擾會少一點。當然，你也可以解讀為源自人類共同的祖先。

再特別強調，同種生物的每一個體細胞其細胞核內都含有相同數目的染色體，例如人類的皮膚細胞、肌肉細胞、神經細胞、白血球等體細胞的細胞核都有 46 條，或稱 23 對染色體。

細胞分裂指一個母細胞產生兩個子細胞的過程。有些單細胞生物，如變形蟲，經由細胞分裂就可以產生新個體了。多細胞生物可藉細胞分裂產生新細胞，除了使胚胎發育、個體生長之外，也用於更新衰老、破損的細胞或修補受傷的組織。最典型的例子是人體的皮膚細胞，因經常磨損脫落，一段時間之後就要進行細胞分裂，產生新細胞來補充。

前面提過了，染色體因為乘載著遺傳物質，是非常重要

的東西，若一分為二可能就無法行使正常功能，因為細胞要分裂為兩個，染色體要先準備兩份。所以細胞分裂之前，每一條染色體會先複製成兩條。這在英文裡叫做 sister chromatid，可直接譯為「姊妹染色體」，國內教科書常寫為「複製後的染色體」。到了下一章，談到染色體的組成時，會寫得詳細一點，複製的東西其實是 DNA。

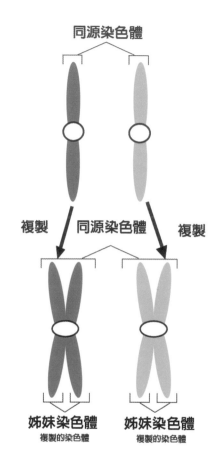

同源染色體

複製　　同源染色體　　複製

姊妹染色體　　姊妹染色體
複製的染色體　　複製的染色體

第 146 頁這張圖片可以幫助我們釐清「同源染色體」與「複製染色體」這兩個名詞，這樣在看圖時才不致會有誤解。

細胞分裂的過程

細胞分裂的過程，再看下面這張圖。這張圖以一個細胞中有兩對同源染色體為例，描繪分裂的步驟。要特別說明的

細胞分裂

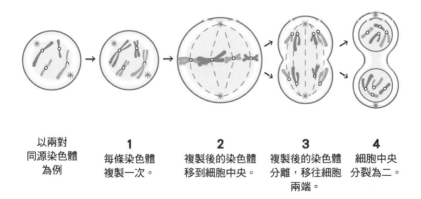

以兩對
同源染色體
為例

1
每條染色體
複製一次。

2
複製後的染色體
移到細胞中央。

3
複製後的染色體
分離，移往細胞
兩端。

4
細胞中央
分裂為二。

是，細胞通常是生長與分裂交替進行，細胞生長期占大部分時間。當細胞長到一定大小時，便會進行細胞分裂，需要的時間因生物與細胞種類有所不同，從數分鐘到數小時、數十天都有可能，圖片只是擷取其中一些重要片段而已。

注意比較母細胞與細胞分裂後所產生的兩個子細胞，各含有與原來細胞中數目相同的染色體。這樣就好比複製完重要文件資料再分裝，可以確保每一袋資料都是一樣的。也就是說，細胞死亡、損傷後的修補後，其新細胞都有著與原來一模一樣的染色體。

無性生殖有好多種

前文提到「無性生殖」，常見的無性生殖有以下幾種。

（1）**分裂生殖**：很多種單細胞生物直接行細胞分裂後就可產生兩個新個體，多次細胞分裂就可以產生很多新個體。例如：草履蟲、變形蟲以及多數細菌等。

（2）**斷裂生殖**：有些生物在斷裂成兩段或多個片段後，

這些片段可發育為新個體。例如：水綿、渦蟲等。「斷裂生殖」可別和「分裂生殖」混淆了喔！分裂生殖指單細胞生物進行一次細胞分裂，就產生新個體。

↑ 渦蟲的斷裂生殖。圖中所示不是經由外力造成的斷裂生殖。也就是說渦蟲不是只有將牠切成兩段，才會行斷裂生殖。

（3）**出芽生殖**：有些生物在生長的過程中，個體上會長出一個較小的個體——芽體。這個芽體繼續進行細胞分裂後，會形成一個和母體相似的新個體，最後會脫離母體。例如：

芽體→

↑ 水螅的出芽生殖。

水蜈、酵母菌等。要提醒大家的是，「出芽」在這裡是從植物長芽的概念借來的形容詞。有很多植物確實長新芽就可以繁殖了，例如竹子、香蕉、鳳梨，蔥、蒜、薑、地瓜、馬鈴薯等，太多也太常見了，但這些都不是這裡所指的「出芽生殖」。

出芽生殖的例子不多，常被提到的就是剛剛提過的水蜈、酵母菌這兩種。酵母菌雖然方便取得，但酵母菌是單細胞生物，很小，需要顯微鏡才能觀察。水蜈相較之下較大，有數毫米，肉眼可見就容易觀察。水蜈雖非稀有動物，但在池塘小溪中不好找尋，倒是水族箱中較容易發現。

（4）孢子繁殖：有些生物能產生大量的孢子，孢子散播到適當的環境中後，就能夠萌發成新個體。例如，多數黴菌皆是孢子繁殖。在第九章中會提到蘚苔、蕨類，這些植物也會產生孢子，但植物的孢子並非單純的無性生殖，因此就不能說蕨類、蘚苔可以孢子進行無性繁殖。

（5）**營養器官繁殖**：植物以營養器官——根、莖或葉來

產生新個體。例如：地瓜利
用塊根、馬鈴薯利用塊莖、
落地生根利用葉、草莓利用
匍匐莖、洋蔥利用鱗莖等。
注意喔，雖然外觀上長出了
新芽，但這可不是「出芽生
殖」。

↑ 馬鈴薯從塊莖上的芽眼長出許多新的
幼株。

（6）**組織培養**：將植物組織放入含植物生長所需的營養
和激素的培養基容器，組織會行細胞分裂而發育為新個體。目
前市面上銷售的蘭花多以此種方式繁殖，蘭花價格也因此技術
而平民化了。

　　無性生殖的速度通常都較有性生殖快很多。但是，無性
生殖由於遺傳物質與親代完全相同，專家表示這樣的後代可能
較不易適應環境的變化，這是行無性生殖的缺點。

認識有性生殖

有性生殖的必要條件就是經過配子形成與受精作用的過程。受精作用之後形成受精卵，一樣要進行許多次的細胞分裂，才能產生新個體。

關於配子的形成，我們必須先簡單提一下**減數分裂**。以人類為例，細胞的染色體數目是 23 對，若不經減數分裂，兩個生殖細胞結合成受精卵時，染色體數目不就變為 46 對了嗎？依此下去，下一代就會是 92 對。神奇的生命演化不會讓這種事發生。那麼，人類的細胞是如何代代都維持在 23 對呢？其中的關鍵，就是將精卵細胞核內的遺傳物質減半，這種方法就是「減數分裂」。意即精細胞和卵細胞中，各自的染色體並非 23 對，而是 23 個。要注意喔，不是 46 個染色體中的任意 23 個，而是 23 對同源染色體中的各一個，即是將自己變成一半，再去尋找自己的「另一半」。以鞋子為例，23 個同學各穿了 1 雙鞋子來學校，就有 23 雙鞋子，減數分裂的減數不是隨機的減半，而是各取 23 雙鞋子中的各一隻鞋子。

人類從減數分裂到新個體產生的簡圖

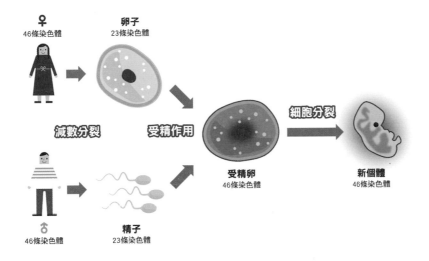

♀
46條染色體

卵子
23條染色體

減數分裂　　受精作用

細胞分裂

受精卵
46條染色體

新個體
46條染色體

♂
46條染色體

精子
23條染色體

　　這張圖可以清楚看到人類從減數分裂到新個體產生的過程。因配子是細胞，肉眼不易看見，教科書常會以雞蛋的觀察為教材，這是一個很容易取得的材料，卻容易產生誤解。首先，「蛋是最大的細胞」不要把這句話推理成「一個蛋等於一個細胞，所以蛋殼是細胞壁、蛋白是細胞質、蛋黃是細胞核」。那麼，正確說法是什麼？記得喔，「細胞就是那顆有膜

包起來稱為蛋黃或卵黃的東西。」教科書背多了，你就會說「卵細胞就是卵黃加上小白點」，但是「小白點」實在是個很不專業的小名，它的正式名稱是**胚盤**，其內有細胞核，也就是乘載遺傳物質的染色體所在之處。至於是卵還是受精卵，這就不是肉眼可以判斷的。

　　受精作用依發生的場所可分為**體內受精**與**體外受精**。雌雄配子在動物身體之外行受精作用，就是體外受精，若是在動物體內受精，則為體內受精。我們將其整理為如下表格。

體內受精與體外受精

受精方式	方法	配子數量	受精成功機率	例子
體外受精	直接將雌雄配子產入水中	較多	低	脊椎動物：魚類、兩生類 無脊椎動物：珊瑚、貝類、海膽、海星等
體內受精	藉由交配作用將雄配子送入雌體	較少	高	脊椎動物：爬蟲類、鳥類、哺乳類 無脊椎動物：昆蟲、蝸牛、蚯蚓等

大家盡量去理解表格中的因果關係，不必死背。例如體外受精一定是生活在水裡的動物，精細胞才能游泳找到卵細胞，親代的責任就到此結束，不必照顧胚胎或餵養小孩，魚類就是最典型的例子。但游泳去找卵細胞並不容易喔！所以必須以量取勝，因此體外受精動物常常是產卵高手，就是為了增加成功受精的機會。

　　但是，大自然中總有例外。大肚魚、孔雀魚、部分鯊魚都是魚類，但卻行體內受精。還有，聽過「試管嬰兒」嗎？這是一種幫助不孕症夫妻產生胚胎的方式，將卵子與精子取出後，經體外受精的輔助生殖技術行受精作用，之後再將胚胎植入子宮，如果順利的話，會在子宮內著床並慢慢成長。

　　此外，兩生類（青蛙、蟾蜍）也容易被誤解，因為常有機會看到雌雄抱在一起，就直覺認為是交配，雄蛙把精子送入雌蛙體內。但實情並非如此，這只是假動作。你可能會覺得「真愛演」，不是的，雄蛙環抱雌蛙可刺激雌蛙產卵，雄蛙也同時排出精子，以增加受精機會，因為沒有交配的現象，

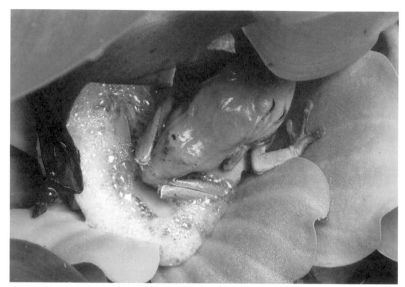

↑ 翡翠樹蛙的假交配，雌雄蛙排出生殖細胞，雌雄配子在體外受精。

所以稱為「假交配」。

卵生、胎生

　　你發現我們一直提胚胎發育成長了嗎？沒錯，受精作用只是張入場券，精采的演出還在後頭。我們依照胚胎的發育場所，分為**卵生**與**胎生**。卵生動物的胚胎在母體外發育，胎生動

物留在母體內發育。

　　直觀上，卵生就是生卵，胎生是生寶寶。但想在生物學科上精益求精的我們，可藉著圖表來比較卵生、胎生。

卵生與胎生

發育方式	受精方式	養份取得來源	發育場所	例子
卵生	體內或體外	卵本身	母體外	魚類、兩生類、爬蟲類、鳥類、卵生哺乳類（鴨嘴獸、針鼴）以及所有的無脊椎動物
胎生	體內	母體	母體內（大多在子宮）	胎生哺乳類：羊、牛、駱駝、人等

　　記得喔，凡是人為的分類方式總有例外。我們繼續談孔雀魚，很多人都有養孔雀魚、大肚魚的經驗，其雌魚肚子大大的，因為裡面裝著小魚胚胎，接著，你可能很快就發現魚缸中許多小魚。魚類不是卵生嗎？沒錯，大肚魚就是例外。像這樣大魚生小魚就是胎生。胎生的定義是受精卵在母體內發育成新個體，所以胎生動物一定是體內受精喔，你想想看，大肚魚怎

麼可能行體外受精再將散落在水中許多的受精卵放進母體內？所以，除了試管動物，若是胎生一定是體內受精的。

還有，你有聽說過**卵胎生**這個名詞嗎？

舊資料中，胚胎的發育方式分為「卵生」、「胎生」、「卵胎生」共三種。以胚胎發育的場所以及養分的來源定義，其中卵胎生被定義為「動物行體內受精後，受精卵留在母體的輸卵管內，以卵本身所儲存的養分供應胚胎發育所需，最後產出新個體」。也就是以營養來源定義是屬於卵生，以發育場所而言是胎生，就稱為卵胎生。後來生物學家陸續發現這些所謂的卵胎生動物在胚胎發育期間也是有由親代提供部分的養分，爭議很大，所以過去常用的卵胎生，近來都改以胎生稱之。

認識植物的有性生殖

最後，不要忘記植物也有有性生殖喔。歐洲直到 17 世紀才開始對動植物的有性生殖做科學探討，到了 18 世紀，能明白花朵有性別的人是極為少數的。

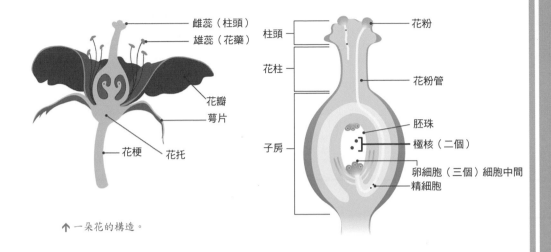

雌蕊（柱頭）
雄蕊（花藥）
花瓣
萼片
花梗　花托

柱頭
花柱
子房
花粉
花粉管
胚珠
極核（二個）
卵細胞（三個）細胞中間
精細胞

↑ 一朵花的構造。

　　我們先只談開花植物的有性生殖。

　　開花植物的繁殖器官是花、果實、種子。三者之中由花
展開繁殖旅程，先後次序是開花為首，花謝後結果，果實裡面
有種子，種子萌芽長出新株。

　　所以要先認識一朵花。典型的花有花瓣、萼片、雄蕊、
雌蕊，共同著生於花托上，花托位於花梗頂端，負責支持花
朵。

　　一朵花外圍片狀的部分稱為花被，包括最外層的花萼與

次外層的花冠。花萼主要功用為保護花苞發育及支援開花過程，每一片稱為一個萼片，所有萼片統稱花萼。花萼內層，每一片稱為一個花瓣，所有花瓣，統稱花冠，主要功能為保護花蕊，並吸引昆蟲協助傳粉，為了引起昆蟲注目，通常花冠是顏色最鮮豔的部位。

　　花冠之中的花蕊又分雄蕊、雌蕊，雄蕊的花藥負責產生花粉，花粉傳遞到雌蕊柱頭上稱為授粉（注意喔，授粉不是受精），授粉後花粉粒會萌發出花粉管，花粉管內的精細胞會經由花粉管進入子房內的胚珠，與胚珠中的卵結合，這是開花植物的受精作用。受精後還要進行多次的細胞分裂，子房慢慢發

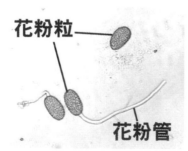
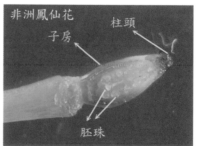

↑ 左邊是非洲鳳仙花的花粉粒。右邊是子房與胚珠。

育為果實，而子房內的胚珠發育為種子。當種子遇到適當的環境條件又有機會萌芽，長成新個體。

　　關於花粉管，同學有許多常見誤解需要澄清，首先，花粉管很容易被寫成輸卵管，輸卵管是雌性高等脊椎動物用的生殖器官之一，顧名思義，負責輸送卵子。而花粉管是種子植物（裸子和被子植物）將精細胞送到胚珠內與卵細胞結合的構造。再強調一次，種子植物的精卵相遇結合之處是在**胚珠**。

　　接著是花粉管在演化上的意義，種子植物演化出花粉管之後，精細胞就不需要再依賴水為媒介游泳去找卵細胞，精卵結合的機率提高，因此更能適應陸地環境。除了種子植物之外，其餘的生物（也包含動物喔）都需要以水做為媒介行受精作用。當然了，蘚苔、蕨類因為沒有花粉管，所以它們生活的環境就要潮溼有水，其精細胞才能游泳找到卵細胞，行受精作用。

　　最後要澄清的概念是「子房」、「果實」、「胚珠」、「種子」之間的關係。胚珠在子房裡面，子房發育為果實，胚

珠發育為種子，所以種子長在果實裡面。因為子房、胚珠觀察不易，果實、種子較容易取得，所以，可以利用容易找到的果實、種子，去推理子房、胚珠。例如，一個果實裡面有很多種子，我們可以從中推理：這種植物一個子房中會有很多胚珠；同理，若一個果實裡面只有一個種子，我們也可以推理出：這種植物一個子房中只含有一個胚珠。

① 如何得知我們吃的雞蛋是否為受精卵？

　　事實上，我們吃的雞蛋幾乎都是未受精的，這是因為因為現代養雞場常把母雞關在籠子裡，籠內沒有公雞，就無法受精。

② 食物會腐敗也跟「分裂生殖」有關？

　　在適宜的環境條件中，一個細菌經過幾十分鐘時間，就會行分裂生殖變成兩個。常理而言，每種食物上常存在著上百至上萬個細菌，如果它們增殖的話，就會引起食物腐敗。這就是為什麼食物放久了以後，常就壞掉不能吃了。

③ 該如何區別「地下莖」或「根」？

　　大部分植物的根長在地下，莖長在地上，但是生物總有例外。對於例外，區別方法要從其構造判斷，植物的莖會有「節」或「芽」的構造。馬鈴薯有「芽眼」，蓮藕有「節」，芋頭、薑有「節」及「芽」，這些均為地下莖。而地瓜、紅蘿蔔、白蘿蔔不具有「節」及「芽」的構造，故為根。雖然地瓜也可長出枝葉，但這是由「不定芽」長出來的，地瓜表面沒有散布著「芽」，這是與馬鈴薯之間明顯的差異。

④ 想一想，花生、芒果、火龍果、豌豆，以上四種植物中，在花朵子房內有著最多胚珠的是哪一種？最少胚珠的是哪一種？

請先想幾分鐘，寫下你的答案，再繼續往下看答案。

　　答案是，最多胚珠的是火龍果，因為火龍果種子很多。最少胚珠的是芒果，因為芒果每個果實內只有一個種子。

　　你答對了嗎？

第 8 章

為什麼我長得像爸爸？
有關遺傳這回事

認識孟德爾的遺傳法則、基因與遺傳、
人類的遺傳、突變、生物技術

本章學習目標

給學生

你對「遺傳」應該多多少少有些理解吧？為什麼你的臉有些地方像爸爸，有些地方像媽媽呢？這一章會帶你全面認識遺傳這回事，幫助你在生物科學習上更得心應手。

給老師家長

「遺傳」這個主題由於很生活化，很容易引發孩子學習的興趣，但是遺傳的現象很複雜，也很難在短時間以探索、實驗、觀察等一般生物學的方式得到結論。因此，有關「遺傳」概念的課程學習，在國中階段也只能先介紹一些基本概念。

關鍵字提示

性狀 # 遺傳因子 # 染色體 #DNA # 基因 # 等位基因 # 突變 # 性聯遺傳

遺傳和生殖是緊扣在一起的，只是在學習過程中，為了方便說明，所以分為兩個章節來寫。所謂「龍生龍，鳳生鳳」，為什麼不是龍生鳳呢？因為每一種生物生下的子代都會像親代，龍像龍、鳳像鳳，相似的原因就是遺傳。但龍只有像龍而已還不夠，還得要你家生下的龍長得像你家的龍。所謂「像」，指的就是生物體有相似的構造或特徵，這些生物特徵我們稱之為性狀。例如酒渦是一種性狀，有人有酒渦，有人沒有酒渦。豌豆莖的高度是一種**性狀**，有的豌豆是高莖，有的是矮莖。由親代經生殖作用將性狀的特徵傳給子代，稱為遺傳。

孟德爾的遺傳法則

　　遺傳的概念無論在東西方都是很早就被觀察到的一種現象，中國自古有「種瓜得瓜，種豆得豆」的說法，希臘哲人柏拉圖為了確保國家組成分子的優越，提出「優生學」的觀念，但這些都沒有發展成為有系統的科學。直到孟德爾出現，以科學方法建立了有條理的、關於遺傳學的理論。

↑ 仔細觀察盛開的豌豆花，正看側看你都看不見花蕊，因為雌雄蕊隱藏在下方的龍骨瓣內。

↑ 豌豆莖的高矮差很多喔！左方的高莖約 200 公分，右方的矮莖約 30 公分高。

孟德爾（Gregor Johann Mendel, 1822-1884）出生於奧匈帝國農家，從小就對植物的開花、生長極感興趣。長大後，因為家境貧窮而當了神父，但修道院的花園成就了他人生的舞台。他觀察到豌豆的幾片花瓣閉合，可自花授粉，同時實驗時也可以人工方式異花授粉，且生長期只有三個月，易於栽培，可順利地進行實驗。更重要的是，它們恰好有幾個性狀表現上明顯相異，方便觀察比較，例如莖的高矮等，所以，他選定了豌豆作為他實驗觀察的材料。這個選擇正是孟德爾成功的起點，也讓平凡的豌豆在遺傳史上名聲響叮噹。可惜的是這麼平易近人的植物，同學多半只在課本和考卷上聽聞其名，如果有個小田園或花台，種幾株豌豆是很有趣的生物實作。

　　以下，我們僅以莖的高矮性狀為例。

　　在進行實驗之前，他花了很多時間仔細篩選出親代，也就是自花授粉數代後均只表現單一性狀的豌豆植株，例如只表現高莖性狀的植株與只表現矮莖性狀的植株，準備好後才開始進行實驗。

孟德爾拿高莖純系品種和矮莖純系品種雜交，之後要將其收成的種子播下再長成新植株，這些新植株稱為第一子代。你先猜一猜，結果會是如何？

↑ 高莖純品系品種和矮莖純品系品種雜交，產下新植株稱為「第一子代」。

純種
高莖

純種
矮莖

?

尚未學過遺傳的同學答案大部分是「一半高莖、一半矮莖」以及「中間型，不高不矮」。遺傳嘛，不就是要像爸爸媽媽嗎？

答案令人跌破眼鏡，孟德爾發現第一子代的豌豆植株全都呈現高莖。接下來，他繼續拿第一代的豌豆互相交配（也是人工方式異花授粉），其第二子代中卻同時出現了高莖和矮莖，而且高莖與矮莖的比例大約是 3：1，觀察其他性狀（如花的顏色、種子顏色、種皮為圓或皺、豆莢顏色等）的時候也發現相同情況。如果只是觀察到這些現象似乎不難，精采之處

在於孟德爾後續的推理與說明。事實上，豌豆的交配實驗並非始於孟德爾，奈特（T. A. Knight）早在 1823 年就已發表過文章，他發現親代兩種不同的外表型有的會到第二子代才顯示出來，不過他未能解釋其中原因。

　　孟德爾是這樣解釋的。他認為性狀的遺傳是由細胞中的某種因子所控制的 （現在我們稱之為**基因**），控制一種性狀的因子有二種型式：一為顯性，一為隱性。他將第一代出現的特徵稱為「顯性」，以大寫英文字母表示，第二代才出現的特徵稱為「隱性」，以小寫英文字母表示。 以上述例子，高莖是第一子代就出現，所以高莖是顯性（T），矮莖是第二子代才出現，所以矮莖是隱性（t）。此遺傳因子在細胞中是成對存在的，然而當形成精子和卵子時，便互相分離，各帶一個遺傳因子。受精時，子代由兩親代分別獲得一個遺傳因子，若子代得到兩個「顯性」的遺傳因子，當然表現出「顯性」，關鍵在於兩個遺傳因子形式不同時，只會表現出一種特徵，這就是顯性特徵，也就是若「顯性」和「隱性」遺傳因子同時出現，

則表現顯性特徵。當然了，若兩個都是隱性遺傳因子時，就會
表現出隱性特徵。

　　看看這張圖，總整理一下。

孟德爾的實驗整理

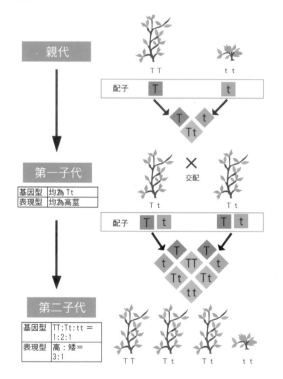

圖中的**基因型**就是遺傳因子組合，是看不見的；而**表現型**是指生物個體所表現出來的性狀。圖中的 × 代表交配。

　　表格中運用了棋盤格方法，這對於初學者而言是快速有效的，很快就能寫出子代遺傳因子的形式，而遺傳因子就是下一節要介紹的基因。在還沒進入分子遺傳學的 19 世紀，孟德爾就可以正確推理，做了如此完美的解釋，只能說，太強了。是豌豆幫了他，數學幫了他，當然了，很多助力之外，他是自己最重要的貴人了。遺憾的是，直到去世為止，孟德爾都不知道自己的研究是近代遺傳學的起點。

基因與遺傳

　　19 世紀末，科學家發現細胞核內有可被染色的物質，於 1888 年將之命名為「染色體」，人們才漸漸對於細胞分裂的過程有較詳細的了解。

　　20 世紀初，科學家們終於證實了孟德爾的「遺傳因子」是位於染色體上，也開啟了遺傳學的新里程碑！

當年，孟德爾所指的「遺傳因子」在何處？連他自己都不知道，他只是說明細胞裡應該會有這樣東西，那是個連細胞核裡有染色體都不知道的年代，就更別提「基因」這個名詞了。

　　而後科學家更發現染色體是由蛋白質和去氧核糖核酸所組成。去氧核糖核酸英語是 Deoxyribonucleic Acid，縮寫為 DNA，我們大約都聽過 DNA，而不記得「去氧核糖核酸」這個名詞了。

　　看看第 175 頁的圖，認識**染色體**、**DNA**、**基因**三者的關係。

　　還要特別提醒，染色體不等於 DNA，最多可以寫成染色體＝ DNA ＋蛋白質，但與遺傳有關的物質是其中的 DNA 而不是蛋白質。染色體是細胞被染色後在複式顯微鏡下看到的一個構造，而 DNA 是一長條雙股螺旋的分子結構，它是染色體中最重要的內容，需要電子顯微鏡才能看到的。一條染色體裡面就是一條細長、雙股螺旋的 DNA。以人的體細胞為例，細胞內有 23 對染色體，所以共有 46 條 DNA。孟德爾所說的

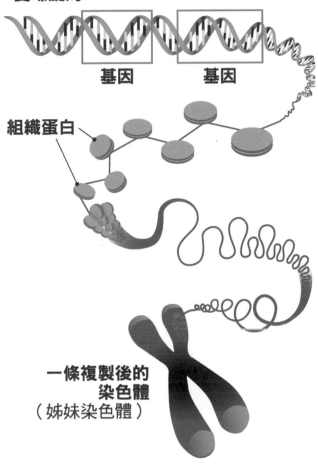

雙螺旋的DNA

基因　基因

組織蛋白

一條複製後的
染色體
（姊妹染色體）

遺傳因子就是 DNA 嗎？不是的，控制性狀的表現不需要整條 DNA，而是一段 DNA 就可以了，這個足以決定性狀表現的片段 DNA 稱為基因。所以整條長長的 DNA 上可以有數百到上千個基因，而不是一條 DNA 上只有一個基因喔。

回到人體中 23 對染色體的概念，染色體是成對的，基因在染色體內，想必也是成對的，孟德爾早說了「遺傳因子在細胞中是成對存在的」。我們現在更清楚的是，控制性狀表現的遺傳因子會位於同源染色體的相對位置上，稱為「等位基因」。

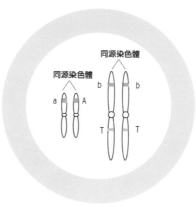

↑ 細胞中以兩對同源染色體為例，一共畫了 3 組等位基因，分別是 Aa、bb、TT。每一對會控制一種性狀，例如有沒有酒渦，或會不會捲舌。

我們以第 176 頁這張圖呈現同源染色體、等位基因的關係。

等位基因的英語為 allele，這個字專指同源染色體中「相對」位置上的基因，也就是孟德爾所提的遺傳因子，有顯性（A）、隱性（a）的不同形式。但「基因」英文為 gene，定義是：可決定性狀的片段 DNA。我們打個比方好了，教室的桌子是兩人一張，一張桌子有兩個座位，全班的人都是同學，但坐在同一張桌子的這兩人才能互稱「隔壁同學」。

我們綜合一下以上概念，試試看幾道題目來整合觀念。

已知豌豆莖的高矮由一對遺傳因子控制，其中顯性為 T、隱性為 t，請問：

（1）Tt×Tt 中，子代的遺傳因子組合共有幾種形式？比例為何？表現型有幾種？比例為何？

（2）TT×tt 中，子代為高莖的機率為多少？子代為矮莖的機率為多少？這裡的高莖、矮莖就是表現型。

（3）Tt×tt 中，子代為高莖與矮莖的比例為何？子代遺傳因子組合為 Tt 的機率有多少？

建議初學者使用棋盤格。首先是第（1）題。

Tt \ Tt	T	t
T	TT 高	Tt 高
t	Tt 高	tt 矮

（1）根據表中，可以輕易理解子代的遺傳因子組合共有 TT、Tt、tt 三種形式，其比例 TT：Tt：tt ＝ 1：2：1。表現型指的是透過基因形式所表現出來的特徵，如莖的高矮。這道小題也可以在棋盤格中輕易得到答案，有高莖及矮莖兩種，高莖：矮莖＝ 3：1。

再看第（2）題。棋盤格如下。

tt \ TT	T	T
t	Tt	Tt
t	Tt	Tt

（2）這一題，應該也難不倒大家了吧？如圖，已經看出了子代基因組合全部都是 Tt，所以表現型全都為高莖。但題目中換了名詞問，是問機率，不是比例。機率就是出現的機會，以數字表示，最小為 0，最大是 1，形式不拘，小數、分數、百分比都可以。所以這一小題中，子代為高莖的機率為 100%，子代為矮莖的機率為 0。

第（3）小題，請依樣練習看看。再比對底下的答案吧。

Tt tt	T	t
t	Tt	tt
t	Tt	tt

你寫對了嗎？對照一下答案，所以 Tt×tt 中，子代的高莖與矮莖的比例為 1：1，子代遺傳因子組合為 Tt 的機率為 $\frac{1}{2}$。

認識人類的遺傳

　　遺傳真是非常複雜的一門科學。

　　提到人，總會先讓同學認識一下自己身上的性狀，例如有無美人尖、能不能捲舌、有沒有酒渦或雙眼皮等，這些性狀和孟德爾實驗中的豌豆性狀都是由單一對等位基因所決定。這一類的性狀表現型大都比較單純，例如有美人尖、無美人尖，或如豌豆的高莖、矮莖。雖然由一對等位基因決定外貌時，參與的等位基因就是兩個，但等位基因存在的樣式不一定只有兩種喔！我們要介紹人類的 ABO 血型就是一個特別的例子。

	I^A	I^B	i
I^A	I^AI^A	I^AI^B	I^Ai
I^B	I^AI^B	I^BI^B	I^Bi
i	I^Ai	I^Bi	ii

基因型	表現型
I^AI^A、I^Ai	A
I^BI^B、I^Bi	B
I^AI^B	AB
ii	O

ABO 血型的組合方式及基因型、表現型

　　人類的 ABO 血型是單對基因遺傳，不過控制 ABO 血型

的基因形式有三種，分別為：I^A、I^B 及 i 共三種等位基因，其中 I^A 和 I^B 分別對 i 為顯性。例如等位基因為 $I^A I^A$ 或 $I^A i$ 者，血型為 A 型；同理等位基因為 $I^B I^B$ 或 $I^B i$ 者為 B 型；而等位基因為 ii 者為 O 型。很特別的地方是 I^A 和 I^B 都為顯性，所以等位基因為 $I^A I^B$ 者，血型是 AB 型。

請練習一下下列題目，以便整合目前所學。

題目：控制人類 A、B、O 血型的基因有 I^A、I^B 及 i 三種，圖為阿旺家中成員的血型。

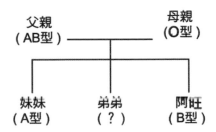

請問：

（1）父親、母親的基因型組合為何？

（2）阿旺的弟弟不可能為哪一種血型？

（3）阿旺妹妹的血型基因型可能為何？

（4）如果阿旺的父母親繼續生育，則下一胎生出 AB 型及 O 型小孩的機率各為多少？

試著寫出自己的答案，解答如下。請先看看阿旺一家人的棋盤格。

	I^A	I^B
i	$I^A i$	$I^B i$
i	$I^A i$	$I^B i$

以下解說：（1）父親是 AB 型，所以基因型一定為 $I^A I^B$。母親為 O 型，基因型一定是 ii。

（2）根據 $I^A I^B \times ii$ 棋盤格，阿旺的弟弟血型不可能為 AB 或 O 型。

（3）阿旺妹妹的 A 型血，基因型為 $I^A i$。

（4）阿旺的父母親無論生幾個，每一胎都是 $\frac{1}{2}$ 為 A 型，$\frac{1}{2}$ 為 B 型，所以生出 AB 型及 O 型小孩的機率均為 0。

如何，你是否答對了？

性別遺傳

除了血型之外，還有一個小重點就是「性別遺傳」。前面說遺傳是「龍生龍、鳳生鳳」，但可不能改動這個句子，說性別遺傳是「男生男、女生女」。想也知道這是不可能的，那為什麼又談「性別遺傳」呢？因為遺傳指著與基因或染色體有關的事情，而人類的性別正與染色體有關。

人類的染色體為 23 對（46 條）依照大小次序編為 1 至 22 號染色體，這 22 對叫做體染色體，最後一對，第 23 對，能決定個體的性別，稱為性染色體。在女性，這一對染色體為 XX，來自於爸爸媽媽

爸爸 XY
♂

配子	X	Y
X	XX ♀	XY ♂
X	XX ♀	XY ♂

媽媽 XX ♀

孩子
♂ 機率二分之一
♀ 機率二分之一

各給女兒一個 X 染色體；在男性，這一對染色體為 XY，其中 X 染色體來自媽媽、Y 染色體來自爸爸。

很特別的是，X 與 Y 兩條染色體長度差很多，X 染色體較長、Y 染色體較短。人類在形成配子時同源染色體會彼此分開，所以卵中會含有 22 條體染色體與 1 條 X 染色體，注意喔，卵子所帶的性染色體必為 X 染色體。精子則會含有 22 條體染色體，以及 X 或 Y 染色體的其中一條，也就是精子有 $\frac{1}{2}$ 機率帶有 X 染色體，$\frac{1}{2}$ 機率帶有 Y 染色體。當卵和具有 X 染色體的精子結合，生下的就是女孩；若卵和具有 Y 染色體的精子結合，則會生下男孩。因為精子中帶 X 或 Y 染色體的機率各為 $\frac{1}{2}$，所以生男生女機率各為 $\frac{1}{2}$。

突變

「龍生龍」的遺傳作用需要基因的穩定性才能代代相傳，但是遺傳物質也不是永遠一成不變，否則就沒有爬蟲類演化為鳥類，或靈長類的祖先演化為人類這些事了。

突變，廣義的定義，指「遺傳物質產生變異」（表現型可能改變，也可能沒有改變）。突變可能發生在體細胞或生殖細胞中，只有發生在生殖細胞中的突變，才有可能經有性生殖遺傳給後代。

　　任何基因都可能發生突變，但自然情況下，基因發生突變的機率很低（約 10 萬分之一），且突變造成的性狀表現通常對生物體有害，例如：果蠅的捲翅、人類的血友病和白化症等遺傳性疾病。雖然有利的突變較少，但卻是生物演化的原動力。

　　人類的疾病有些與遺傳有關，稱為「遺傳性疾病」，產生原因可能是染色體數目異常或基因突變。異常的等位基因大多為隱性（如 a），因此得具有兩個異常等位基因（aa）的人，才會表現出症狀。以白化症為例，患者必須由父母親各得到一個隱性的異常等位基因，才會表現出白化症。

　　我們以一個題目來說明族譜的繪圖表達，並練習基因型與外表型的推理。

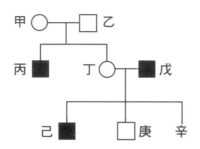

　　請看看這張族譜。其中，□表示正常男性；■表示白化症男性；○表示正常女性；●表示白化症女性。若膚色正常為 B，白化症為 b。那麼，請問以下該如何作答呢？

　　（1）甲和乙的遺傳因子組合應為：

　　Ⓐ 甲 BB、乙 bb Ⓑ 甲 BB、乙 Bb Ⓒ 甲 Bb、乙 Bb Ⓓ 甲 Bb、乙 BB

　　（2）丁和戊若想再生第四個孩子，是白化症男孩的機率為多少？

　　Ⓐ $\frac{1}{2}$ Ⓑ $\frac{1}{4}$ Ⓒ $\frac{1}{8}$ Ⓓ $\frac{3}{8}$

　　（3）庚是否有白化症基因？若有的話，是遺傳自誰？

　　Ⓐ 無 Ⓑ 有、遺傳自丁 Ⓒ 有、遺傳自戊 Ⓓ 有、遺傳自

丁或戊。

　　想一想，試著答題看看。答完再看以下解答。

　　（1）白化症是一種隱性體基因性狀，位於體染色體上，所以有兩個隱性基因才會表現出白化症（bb）。可以逆推，凡是白化症者，基因型都是 bb。練習時就直接在族譜上標示其基因型方便自己推理。

　　基因型是看不見的，所以常要以子代表現型去推論親代基因型。族譜第二代中的丙是白子，因此推測其基因型一定是 bb，這組等位基因一個來自爸爸，一個來自媽媽，所以他的爸媽確定各有一個 b。但圖譜中他的爸媽膚色都正常，也就是說兩人都有一個 B 基因，因此確定甲和乙的遺傳因子組合均為 Bb。所以第 1 題答案為 ⓒ。

　　（2）丁和戊若想再生第四個孩子，這就要畫棋盤格比較快了，但也要先推理想想。必須先推理出媽媽丁的基因型必是 Bb，原因在於己是 bb，一樣得先從子代表現型去回推親代基因型。這樣一來，棋盤格應該容易畫了。

♂\♀	B	b
b	Bb	bb
b	Bb	bb

但答案可不是 $\frac{1}{2}$ 喔！別忘了題目問的是「白化症男孩」，其中男孩的機率是 $\frac{1}{2}$，因此白化症的機率和男孩的機率必須相乘，$\frac{1}{2} \times \frac{1}{2} = \frac{1}{4}$。所以第 1 題答案為 Ⓑ。

（3）最後問，庚是否有白化症基因，這時沒有子代可以推理了，那就得由親代條件來分析，因為爸爸戊是 bb，爸爸一定會給他一個 b 基因，所以庚一定有一個遺傳自爸爸戊的白化症基因。因此答案是 Ⓒ。

如何？你答對了嗎？

若遺傳性疾病的等位基因位於性染色體上，稱為**性聯遺傳**。男性的性染色體為 XY，其中的 Y 染色體比 X 染色體短了許多，也就是少了許多的等位基因。我們知道遺傳疾病多為隱

性，意思是若有只有一個隱性疾病基因（如 a）是不會產生疾病的，因為還有一個正常的等位基因 A。但當男性的 X 染色體上的基因有缺陷時，由於沒有另一個正常的等位基因，所以即使只有一個隱性疾病基因（如 a）也會產生疾病，也因此造成男性罹患性聯遺傳疾病的比例遠大於女性。例如：紅綠色盲、血友病及蠶豆症都是。圖説如下：

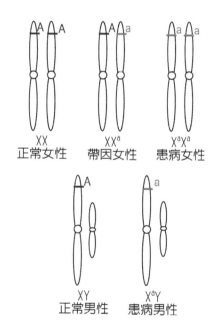

這裡我們一樣需要以題目來說明性聯遺傳。

已知賈爸及大兒子賈兄皆為色盲，圖中以■表示，賈媽正常。若不考慮其他突變因素，則下列四則敘述中何者正確？

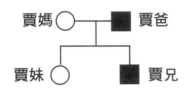

Ⓐ 賈兄的色盲基因遺傳自賈爸。

Ⓑ 賈兄的色盲基因有 50% 的機會會遺傳給他的兒子。

Ⓒ 賈兄的妹妹（賈妹）沒有色盲，與一無色盲的男子結婚。他們的兒子色盲的機率必為零。

Ⓓ 賈兄的色盲基因 100% 遺傳自賈媽媽。

想一想，再往下看。

答案是，只有 Ⓓ 是正確的。你答對了嗎？請看以下解說。

不要忘記喔！色盲是「性聯遺傳」，隱性疾病基因位於 X 染色體上，而男生的 X 染色體必定來自他的媽媽，因此男生的色盲基因一定來自媽媽。所以，賈兄的色盲基因一定來自賈媽。賈媽沒有色盲，表示她一定有一個正常的基因。而賈妹也一定有一個色盲基因，因為父親一定會給女兒一個 X 染色體，而賈爸的 X 染色體就帶著色盲基因。動手畫畫看賈家人的棋盤格吧！

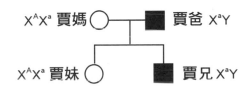

精細胞 卵細胞	X^a	Y
X^A	$X^A X^a$ 正常女孩	$X^A Y$ 正常男孩
X^a	$X^a X^a$ 色盲女孩	$X^a Y$ 色盲男孩

生物科技

生物科技也稱「生物技術」。指著人利用利用生物學原理，讓生物來製造人所需的產品或改進人類生活的科學技術。生物技術涵蓋的範圍極為廣泛，從古人利用微生物來釀酒及製作麵包，到利用育種的方式來改良作物與牲畜提高品質及產量這些都是。

近年來由於逐漸了解遺傳機制，發展出許多技術，例如基因轉殖、複製生物等技術。

「基因轉殖」是指將不同生物來源的基因殖入另一生物體內，使其表現出來源基因性狀的方法。最常聽說的以基因轉殖來製造胰島素，用來治療糖尿病患者。胰島素不足會導致糖尿病，在以前，糖尿病病人使用的胰島素是從豬、牛等動物的胰臟萃取來的，這樣的胰島素純度低、產量少、價格貴。現在科學家將人類製造胰島素的基因片段轉殖入細菌的 DNA 中，透過細菌去幫助人類製造胰島素。因細菌複製快速、構造簡單，提升了胰島素的產量與純度，造福許多糖尿病人。

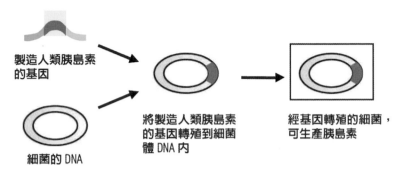

製造人類胰島素
的基因

細菌的 DNA

將製造人類胰島素
的基因轉殖到細菌
體 DNA 內

經基因轉殖的細菌，
可生產胰島素

↑ 科學家將人類製造胰島素的基因片段轉殖入細菌 DNA 中。

　　類似這樣的基因轉殖技術，如疫苗的製造、基因改造的
牛、羊以及許多作物，的確為人類帶來相當大的助益。但是基
因的轉殖一定要審慎評估，切勿走火入魔，經過基因轉殖的生
物也一定要妥善管理，以免基因外流，改變大自然中其他生物
的基因，而破壞自然生態，造成難以補救的生態浩劫。

　　此外，複製生物也是近年來熱門的生物科技之一。大家
想必都聽過桃莉羊吧。1996 年，這隻經由無性生殖方式所複
製的羊誕生了，名為桃莉。

　　複製羊的成功之後，複製馬、豬、牛與猴子等生物也陸

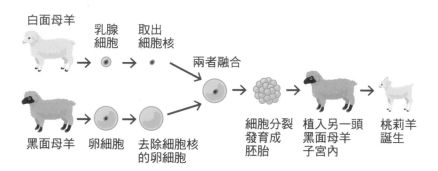

白面母羊　乳腺　取出
　　　　　細胞　細胞核
　　　　　　　　　　　　兩者融合

黑面母羊　卵細胞　去除細胞核
　　　　　　　　　　的卵細胞

細胞分裂　植入另一頭　桃莉羊
發育成　　黑面母羊　　誕生
胚胎　　　子宮內

↑ 桃莉羊的誕生。桃莉長得像誰呢？

續成功誕生了。大家一定會想，那麼接下來，可以看到「複製人」嗎？

　　這個問題除了技術層面之外，還牽涉到人類倫理、宗教觀點，是否可行尚未有所定論。但大家可以先思考，為什麼要複製羊？為什麼又要複製人？如果複製人只淪為供應器官給一般人替換時，這樣會不會引發什麼問題？

　　但也許將來有一天，科學家可以只複製出人類器官而不是整個人，複製的器官可供需要器官者使用，這樣的生物科技應較能被大眾接受，也可以造福人類。

① 猜一猜，人的基因有多少個？

　　整條長長的 DNA 上可以有數百到上千個基因，這時候，大家可以猜一猜，人的細胞中有多少基因。人的 DNA 總長度（46 條）約 2 公尺。一條展開的 DNA 分子長約 4 公分，而人的基因約有 3 萬個！是不是令人大吃一驚呢！

② 想一想，桃莉羊是胎生嗎？

　　你想好了嗎？凡是複製哺乳動物都比較特別，既是胎生，又是無性生殖喔！

③ 思考一下，為什麼你會長得像爸爸？

　　先自行思考五分鐘，再看底下的敘述。

　　遺傳，就是將父母身上的特質揉合、重組後傳給子女。因為基因重新洗牌後會產生各種組合，所以長相、身高、膚色等特徵，並不會完全複製父母某一方的特質。洗牌之後，如果你剛好拿到比較像爸爸的基因組合，就會比較像爸爸。同理，你剛好拿到比較像媽媽的基因組合，也就會比較像媽媽。當然，孩子也有可能建立屬於自己的獨特性。

第 9 章

形形色色的生物——
生物怎麼分類？

認識生物如何分類、簡介原核及原生生物界、
真菌界、植物界、動物界

本章學習目標

給學生

運用國小自然課學過的「植物的分類」和「動物的分類」，對於本章的分類階層建立初步認識理解，在日常生活中，需要運用分類階層找東西的場合其實無所不在的。例如大賣場或超市、百貨公司、圖書館、植物園、動物園等都有分類的概念隱藏其中喔！

給老師家長

孩子閱讀時，會容易對某些俗名有所誤解，例如「鯨魚」雖然名字裡有一個「魚」字，卻不是魚，同樣的，「鱷魚」名字裡有一個「魚」字，也不是魚，另外，「蜘蛛」有「虫」字邊，卻不是昆蟲。學習過程中可以從旁引導孩子，在生活中找到常見的小動物來觀察，也許更容易理解。

關鍵字提示

學名 # 原核 # 真核 # 真菌 # 被子植物 # 雙子葉植物 # 單子葉植物
再生 # 管足 # 脊索 # 脊椎

地球上有多少種生物？怎麼分類呢？

地球上有多少種生物？你一定覺得這是個簡單的問題，不過就一個數字嘛。可是，這還真是一個不簡單的數字啊。換個方式問，地球上有幾戶人家？這好像需要各機關提供大數據，先看看地球上有幾個國家、每一個國家有幾個州或省、每一州分成幾個區或里，每一里有幾條路，每條路上有幾戶人家。然後，再將這些數字統統相加起來。

沒錯，為了便於計算，我們也必須用類似的方法，由大到小分成幾個階層。雖然各家系統不一，也難保將來不會再做改變，目前，生物學家常用的分類系統，由高而低依次為**界、門、綱、目、科、屬、種**，共七個階層。階層越高，包含的生物種類越多、越廣泛，較低階層包含的種類就較少，但彼此的構造特徵卻越近似。就像台北市包含的人口一定較多，文山區

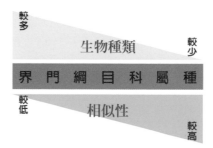

包含的人口就較少，但這些人的居住環境卻較相近。

　　就像每一戶人家都有一個完整的地址，每一種已命名的生物在生物分類系統上也一定有一個位置，我們以石虎為例，石虎的分類可以參照圖表。

石虎的科學分類	
界	動物界 Animalia
門	脊索動物門 Chordata
綱	哺乳綱 Mammalia
目	食肉目 Carnivora
科	貓科 Felidae
屬	石虎屬 Prionailurus
種	石虎 *Prionailurus bengalensis*

　　表中可以知道，由界到種都有一個對應的位子，有中文及拉丁文。你可能覺得看得懂中文不就夠了嗎？但分類的目的及其重要性，就是要給地球上的每一個物種一個統一的名稱，如此，科學家之間才可以互相溝通，也才能知道研究的物種是否為同一生物。研究工作可能離我們有點遠，但我們在日常生活中有時常會被同一生物擁有許多種名稱而搞得團團轉。

所以，首先，一定要給生物一個放諸四海皆準的名字。這個名字就是學名。就像同學喊你的綽號「麗麗」，媽媽叫你的小名「小美」，你的身分證上寫的是「王麗美」，但出國通關時，護照上一定有一個得以在全世界通行的名字。

學名

　　生物的學名由二個拉丁化的字組成，第一個字是「屬名」，第二個字是「種小名」。屬名用以說明它是哪一類的生物，因此是一個名詞。而種小名則用來形容這生物特徵，為形容詞。要注意的是，屬名的第一個字母要大寫，其餘均小寫，還有，必須寫成斜體字或加底線。例如台北樹蛙的學名是 *Rhacophorus taipeianus*，Rhacophorus 是屬名，表示牠們是綠色樹蛙家族的一員，而 taipeianus 則是種小名，形容這種綠色樹蛙主要生活棲地在台北。要從學名就知道生物特徵，這對東方人而言是辛苦的，所以只需要知道學名存在的必要性就可以了。科學家就是這樣，為觀察到的物種逐一命名，累積至今，

已經命名的物種共約有 100 多萬種。但這個數字真的就是地球上物種的數量嗎？應該還差很遠，因為還有很多生物並未被發現或命名，當然，其中還包括陸續滅絕的物種，所以，「地球上有多少種生物」這個問題，短時間內是很難有確切答案的。

「同種」的定義

我們繼續談一個很容易混淆的概念：什麼是「同種」？

目前最常用的定義是根據 1942 年麥爾（Ernst Mayr）提出的概念：自然情況下，雌雄個體會自由交配，並產下具生殖能力的後代，這些個體定義為「同種」。

聽定義很簡單，但不要忘記，隨著時間拉長，會累積出許多例外狀況，也許將來又有新的定義。但目前我們得用這個定義來告訴大家：馬和驢雜交後所生的騾子幾乎都不具生殖能力，所以，馬和驢就不是同種，而騾則為雜交種。第二個例子是家犬，雌雄的黃金獵犬與牧羊犬很容易就生出具有生殖能力的下一代了，所以，這些家犬長相再如何「差很大」，在生物

學上都視為同種。

生物分類

　　接下來再看看分類學家如何將生物分類。

　　科學家依生物的細胞構造、獲得營養的方式、生活史等，將生物分為五界：原核生物界、原生生物界、真菌界、植物界，和動物界。請參照下圖，由左向右箭頭（→）為其演化的方向。

生物分為「五界」

原核生物		真核生物	
原核生物界——細菌、藍綠菌 →	原生生物	原生菌類 →	真菌界
		藻類 →	植物界
		原生動物 →	動物界

　　咦？怎麼沒有病毒的位置呢？這又是個爭議性大的問題

了。在傳統生物學定義下，各界中病毒還真是沒有它的分類地位。你會說：它們明明就可以表現生長、繁殖等生命現象。沒錯，但它們得寄生在生物體內，才能表現生命現象，

所以，病毒目前被視為介於生物和非生物之間的灰色地帶。至於將來它能否能在這個分類表中占有一席之地，就留給時間與科學家去決定了。

認識原核生物界及原生生物界

先認識原核生物。我們先解釋一下「原核生物」的意思。其細胞除了細胞膜外，沒有其他由膜圍住的特殊構造（胞器），細胞內的遺傳物質也沒有核膜包圍。如果我們將細胞比喻成一間房子，「原核生物」就是家徒四壁，意思是這間屋子只剩外牆，裡面沒有任何隔間用的牆壁了。沒有隔間，屋子裡一樣可以進行各種事宜，無論是煮飯、洗澡、睡覺等，只是會互相干擾。所以「原核生物」沒有粒線體，因為粒線體需要「膜」圍出一個範圍，就像浴室需要牆圍出一個空間範圍。但

「原核生物」一樣是可以進行分解養分產生能量的事情，這是有粒線體的生物在粒線體內所進行最重要的工作了。

　　原核生物界只包括「細菌」和「藍綠菌」兩大類。藍綠菌（又稱藍綠藻、藍菌等）和細菌最大的差別在於它有葉綠素，可以行光合作用，細菌則無。注意到了嗎？是葉綠素，不是葉綠體喔。為什麼不是葉綠體呢？原因很簡單，因為葉綠體是雙層膜的構造，但原核生物就是沒有可以圍出胞器的膜。

　　再來看看原生生物界。從這一界起，我們稱之為「真核生物」。也就是以下四個界皆為「真核生物」，其細胞內的遺傳物質都有核膜包圍，是其真正的細胞核。原生生物是由原核生物演化來的，是真核生物中最原始的一群，大部分為單細胞，少數為多細胞。科學家依據它們獲得營養的方式不同，分為三類，以第 206 頁的圖表整理說明如下。

　　以下物種中，大家最熟悉的可能是常出現在餐桌上的昆布（海帶）與紫菜，而最為陌生的，應該是黏菌。

	獲得營養的方式	特點	例子
原生動物	以吞噬作用攝食	某些原生動物可能是多細胞動物的祖先。	變形蟲、草履蟲、眼蟲、瘧原蟲
藻類	具葉綠體可行光合作用。	·有葉綠素之外，很多藻類還含其他色素。 ·有細胞壁但無維管束	綠藻：水綿、石蓴 褐藻：昆布（海帶） 紅藻：紫菜、石花菜 矽藻：因細胞壁含有矽質，故稱矽藻
原生菌類	可以吞噬有機物，或分泌酵素至細胞外將食物分解為小分子後吸收。	會形成具有細胞壁的孢子，但生活史中沒有菌絲，而有一段黏黏的時期，因而得名。	黏菌

很多小孩都玩過一種叫做「史萊姆」軟軟黏黏的玩具，這種玩具的英文為 slime，和黏菌的英文名稱 slime molds 中的 slime 是同一個字。意思就是黏黏的東西。

黏菌的生活史中有一階段就像玩具史萊姆，黏黏的，那就是它的營養生長期，此時期的細胞不具細胞壁，就像變形蟲

↑ 潮溼的山壁或樹皮上有時可以觀察到營養生長期的黏菌。

↑ 老梅石槽上的綠地毯就是石蓴。

一樣，可以變形，非常有趣，有機會走進大自然時，不妨找尋一下這種獨特的生物。

認識真菌界

　　真菌界有一個共同的特徵，就是都有細胞壁，但不具葉綠體。其獲得營養的方式主要為「腐生」或「寄生」，在生態系中扮演分解者的角色，腐生菌可分解動、植物屍體和碎屑，使元素很快回歸自然，再被植物利用。寄生菌會使動、植物和人類生病或死亡，例如在木本植物中很常見的「褐根病」就是由真菌引起，危害樹木根部的病害，人類的香港腳也是由真菌感染所引起。不過在人體的腸胃道內，也有許多酵母菌，它們是可以幫助消化的「益菌」喔。這種情況就不適合稱之為「寄生」了，而是一種「共生關係」。

　　真菌界主要包含「蕈類」、「黴菌」及「酵母菌」等，除了酵母菌外，其成員大多為多細胞，個體由菌絲構成，能形成孢子。孢子隨風飄散，若遇到潮溼溫暖的環境便能萌發產生

新的菌絲。而酵母菌屬於無菌絲的單細胞生物，會分解醣類來獲得能量。

　　有些蕈類是容易觀察的，又被稱為「大型真菌」，或簡單通稱為「菇」。餐桌上的香菇、草菇、洋菇、金針菇……這些好吃的菇菇都是大型真菌。大部分的「大型真菌」像香菇一樣，長得像一把小傘，若想仔細觀察由許多菌絲構成的整個菇體，需要借助顯微鏡。顯微鏡下的菇類就像以放大鏡看身上的毛衣，有著許多交錯盤繞的纖維，這些纖維就是所有菇類的基本構造「菌絲」。只要養分、水分等條件合適，這些菌絲便能不斷生長。

　　而我們看到的那一朵香菇，其角色就像開花植物的一朵花，屬於特化的生殖構造，主要的功能和花朵一樣，都是為了繁殖後代。兩者不同的是，花朵會結出果實種子，而菇體則是產生孢子。種子比較大，容易觀察，孢子很小，得在顯微鏡下才能觀察。

　　這樣的一個菇體，真菌學上稱為**子實體**，它並不如我們

的想像，不像一棵植物或一隻動物，我們見到的形體多半就是一個完整的生命個體，「子實體」只占真菌整個生命歷程中一小段時期而已。就像植物的花，只是植物體的一小部分，只會出現在繁殖階段。相較於植物，無論是花、莖、葉都很容易觀察、便於理解，但是菇類大部分時間都是以無數菌絲聚合形成的菌絲體，埋藏在地面下或腐木裡，只有環境條件適合時，才會冒出頭來。這時稱為**發菇**或**出菇**。

台灣地處因氣候溼熱，因此真菌種類繁多，除了有許多菇菇之外，食物、衣物、皮革、木材等物品也很容易長黴，那些毛絨絨的黴就是菌絲。黴菌雖然會造成一些疾病，但它在醫療上的貢獻堪稱偉大。1928 年，英國微生物學家佛萊明（Alexander Fleming, 1881-1955）無意間發現培養皿內的細菌被黴菌汙染了，黴菌周圍沒有細菌生長，佛萊明推理此種黴菌分泌出某物質抑制了細菌的生長。數年後，這些物質被純化出來，稱為青黴素（英文 penicillin，音譯盤尼西林），可用來治療被細菌感染的疾病。是第一個被發現並被商業化生產，

廣泛使用的抗生素。佛萊明在 1945 年獲頒諾貝爾獎演說時便已指出，細菌會對抗生素產生「抗藥性」。數十年來這些抗生素救治了無數個因細菌感染的患者，然而隨著抗生素的大量使用，佛萊明預言的抗藥性問題隨之嚴重。

抗藥性的產生原因很多，我們先談其中一種。以演化的觀點而言，細菌的基因有機會自然突變而產生變異，突變機率雖小，但細菌數量多，繁殖速度快。也就是說**抗藥性細菌本來就存在於細菌族群中，只是數量少**，而經過抗生素一次次的篩選，具有抗藥性的細菌就由少變多了。因此，抗生素的不當使用越嚴重，細菌就會在物競天擇下，具有越來越高的抗藥性。

所以大家要養成正確的用藥觀念，不要自行購買抗生素服用，若有需要，得由醫生開立藥方，領藥後須按時服用，並將整個療程的抗生素服用完畢，不任意停藥，以免成為助長抗藥性細菌的幫兇。具有抗藥性細菌族群變多後，原來使用的抗生素就再也殺不死這株細菌了，這樣不但會危害自己的健康，

細菌對抗生素的抗藥性是如何產生的？

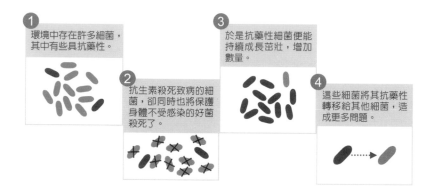

也禍延人類，因為抗藥性細菌的增加有可能會使得病患面臨無藥可用的危機。

認識植物界

植物界的成員都是具有細胞壁的多細胞生物。大都具有葉綠體可以行光合作用。我們先將其分類如第 213 的表。

其實在本系列第一本《生物課好好玩》當中，已經有非常詳盡的介紹，翻開《生物課好好玩》，複習一下，有關蘚苔，請看第 163 頁，有關蕨類，請看第 265 頁，有關裸子植物，請看第 118 頁。在此針對被子植物多做說明。

蘚苔類 → 蕨類 → 裸子植物 → 被子植物
（箭頭方向為出現次序）

植物共同祖先
（綠藻類）

被子植物又稱**開花植物**。因為開花結果後種子包被於果實內，得以保護種子也可藉此來幫助傳播種子。有子房發育而來的果實，這一點異於裸子植物。

　　被子植物依種子內子葉的數目分為單子葉植物和雙子葉植物。這種分類方式最讓同學困擾了，因為我們平常觀看植物最常看到的就是莖、葉這兩類器官，如果巧遇開花、結果，才有機會觀察到果實內的種子。所以要依據種子內的子葉數目來判斷這株植物是單子葉或雙子葉，並不容易。人為的分類雖有許多例外，還好大自然卻也存在許多有趣的規則，例如大部分單子葉植物的葉具平行脈，花瓣為 3 或 3 的倍數，常見的如竹、蔥、蒜、稻、麥、蘭、玉米、甘蔗、百合等。大部分雙子葉植物的葉具網狀脈，花瓣為 4、5 或其倍數，如梅、櫻、油桐、杜鵑、薔薇、榕樹、草莓等。詳細的比較如下表所示：

比較項目	雙子葉植物	單子葉植物
子葉數目	2 枚	1 枚
葉脈	網狀脈	平行脈

比較項目	雙子葉植物	單子葉植物
花瓣數目	4、5 或其倍數	3 或其倍數
根系	軸根系	鬚根系
維管束排列形狀	環狀	散生
形成層	有	無

　　我們稍加解釋一下子葉。子葉是種子內的構造之一，主要功能為萌芽時提供養分，雙子植物以這張花生圖為例。

　　一粒花生除去種皮後會看到二片對稱的構造即為子葉，因為子葉兩枚，故稱雙子葉植物。單子葉植物種子就更複雜，子葉也不容易觀察，所以判斷上還是依據葉脈最為方便了。

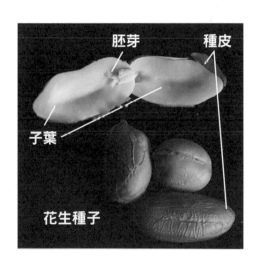

胚芽　　種皮

子葉

花生種子

芒草的平行脈與青楓的網狀脈

平行脈		
網狀脈		

　　至於由花瓣數目來判斷單或雙子葉，也是參考多於實用價值，因為很多植物只在繁殖階段開花，再加上若是碰到一些特殊植物，像菊花、榕樹等雖然很常見卻充滿了複雜的植物學知識。還是建議大家多多走訪野外，養成自然觀察的習慣，到了戶外大自然會給你出好多功課，這些有趣的功課會讓你不由

自主產生疑問，查詢資料、閱讀整理，這樣的學習最深刻有效了。

認識動物界

　　動物界是五界之中種類最多的，均為多細胞生物，「細胞不具細胞壁」這一點是與植物細胞最大的差別。也沒有葉綠體，以攝食來獲取養分，這是動物界最大的特徵。動物界在演化上呈現相當大的多樣性，科學家根據動物個體結構特徵將動物分門別類。第 218 頁這張圖表是常見的動物門及各門代表性動物，動物界的分類可多達 30 門以上，但多是成員稀少的冷門。

　　動物種類繁多，平時接觸的多為族群太大、危害健康又惹人厭的昆蟲，如蚊子、蒼蠅、蟑螂、螞蟻等，以及在社區或校園看見比較漂亮的蝴蝶、蜻蜓。較大型的動物就是家裡的寵物貓或狗，偶而參觀動物園看一些明星動物。所以碰到這一章節，許多同學都背得苦不堪言。例如，同學會把蟑螂當成爬

刺絲胞動物門：水母、水螅、海葵、珊瑚

扁型動物門：渦蟲、吸蟲、條蟲

軟體動物門：蝸牛、貝類、烏賊、章魚

無脊椎動物

環節動物門：蚯蚓、沙蠶、水蛭

節肢動物門：昆蟲、蜘蛛、蝦蟹、蜈蚣、馬陸

棘皮動物門：海星、海參、海膽

動物界

魚類：鯊、魟（軟骨魚）；鮭魚、小丑魚、彈塗魚、海馬（硬骨魚）

兩生類：青蛙、蟾蜍、蠑螈、山椒魚

大都是具有脊椎
的脊椎動物
（脊索動物門）

爬蟲類：蛇、蜥蜴、龜鱉、鱷魚

鳥類：翠鳥、台灣藍鵲、企鵝

哺乳類：鴨嘴獸、袋鼠、蝙蝠、鯨豚

蟲，認為那不就是一隻會爬的蟲嗎？這是因為，雖然現在大家都直覺認為蟲就是昆蟲，然而在古代，「蟲」是對動物的通稱。如老虎稱為「大蟲」，蛇稱為「長蟲」，蜈蚣又稱「百足蟲」，馬陸為「千足蟲」等等。

　　我們以一個刺絲胞動物門的成員「水螅」為例。這種小生物在國中生物課本至少會出來亮相三次，第一次是提到牠的「囊狀消化腔」，也就是食物的入口和殘渣的出口是同一個，同學都會驚呼「好噁心」。第二次是在談無性生殖的時候，會提到牠會行出芽生殖，同學也會驚呼「太神奇」。第三次，嗯，就是這一章節了，課本會告訴你它屬於「刺絲胞動物門」，這一次同學多半要慘叫「超難背」。好吧！那麼，你看漫威英雄電影嗎？裡面的「九頭蛇」，英文名為 Hydra，這個字就是水

↑ 水族箱中常見的綠水螅，大小約 1-2mm，體內有共生的藻類，可以幫忙製造養分。

蟻的意思喔！如何，這樣一聯想，是不是就覺得這種生物親近許多了呢？

　　扁形動物門中最為人熟悉的是，具有比九命怪貓還要神奇再生生殖能力的「水生渦蟲」。如果把渦蟲對切，失去的一半會再生出來，成為兩隻完整的渦蟲。其實陸地上也有陸生渦蟲，種類不少也算常見，大隻，也容易觀察。若在野外遇到要感到開心喔！這是因為渦蟲是重要的環境指標生物，若有污染渦蟲是難以存活的。

↑ 看到了嗎？登山杖旁那一條黃色彎彎曲曲的東西，那就是陸生渦蟲的一種。

　　談到軟體動物門的成員，大家就會熟悉許多，因為經常

出現在餐桌上的烏賊、章魚、透抽、軟絲、鮑魚、九孔、牡蠣、蛤蜊等都是軟體動物。最大的特徵為身體柔軟，大多數種類具有外殼。除此之外，也不要忘記蝸牛和蛞蝓喔。

↑ 左邊是斯文豪氏大蝸牛，右邊是雙線蛞蝓。蛞蝓和蝸牛一樣有觸角，這一點可以和水蛭區分。

　　環節動物最大的特徵也是身體柔軟，但呈細長型且具有許多環節，每節外形都很相似。體表具有剛毛，常見的有蚯

↑ 這是一隻水蛭，看到身體一環一環了嗎？

↑ 蚯蚓身上具有剛毛，可幫助其蠕動爬行。

蚓、沙蠶及水蛭等。這一門其中以蚯蚓最為常見。

　　動物界中昆蟲綱成員占了種數的 75 % 以上，而昆蟲綱正屬於節肢動物門，如此一來，你應該就能理解為什麼節肢動物是動物界中最大的一門了。分布上，水、陸、空都有牠們的蹤跡。其外型上最大的特徵為身體、附肢（腳）都有分節，此

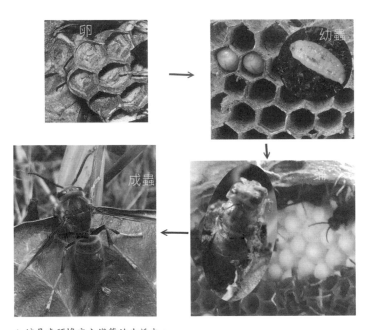

↑ 這是虎頭蜂完全變態的生活史。

外，均具有外骨骼的結構，用以保護柔軟的身體，但是外骨骼會限制身體的生長，因此節肢動物在幼蟲階段必須將舊的外骨骼脫掉，待身體長大後再形成新的外骨骼。

昆蟲具有三對步足以及兩對翅（有些退化了），是唯一能飛翔的無脊椎動物。生活史具有變態過程，若過程為**卵→幼蟲→蛹→成蟲**，稱為完全變態，例如蚊子、蒼蠅、蜜蜂、蝴蝶。若幼蟲與成蟲相似，只是個體小、沒有翅，就無須經過蛹期，生活史為**卵→幼蟲→成蟲**，稱為不完全變態，例如蝗蟲、蟋蟀、螳螂等。

節肢動物中的蜘蛛也是常見的，有四對步足，所以牠不屬於昆蟲喔。有些蜘蛛會結網，用以捕捉昆蟲。蝦、蟹也是常出現在餐桌上的節肢動物，生活於水

↑ 這是台灣溪流中常見的溪蟹，數數看，牠有幾隻腳？

中，具有五對步足，第一對步足常膨大成為螯足，用以捕食和
禦敵。

　　棘皮動物表面具有棘狀構造，所有種類均生活於海中，
身體具有柔軟的管足，移動時可伸出以協助運動。就因為牠們
生活於海中，我們對於牠在海裡的模樣就顯得陌生，尤其是
「管足」這個專屬於棘皮動物的構造。其實只要在潮間帶遊玩
時多觀察，海星、海膽及海參都算是常見的動物。餐桌上雖然
常出現海參，但台灣人食用的海參大多是進口的，因此台灣海
參的危機並不在於被人類捕食而是海岸污染和棲息地的破壞。

↑ 圖中圈起處為被海參吐出的腸子纏繞住的螃蟹。

↑ 仔細看看一顆海膽的外觀吧！

但是海膽（尤其是馬糞海膽）則因濫捕面臨生態浩劫，饕客愛的是馬糞海膽繁殖期飽滿肥美的生殖腺，大家想想看，生殖期間的成熟海膽都被吃了，能不影響族群嗎？在此還是呼籲大家，多一些海洋文化，少一點海鮮食慾。

最後要談脊索動物門，這是動物界中最高等的一門，這裡面的成員大都是具有脊椎的，我們很熟悉的脊椎動物，但不能寫成脊椎動物門，因為這一門的成員不是全都具有脊椎骨的。常見的脊椎動物有五大類，分別為**魚類、兩生類、爬蟲類、鳥類**及**哺乳類**。我們要特別注意的是牠們的演化關係，右圖是一個簡單的演化樹。

注意看看脊椎動物的演化順

魚類　兩生類　爬蟲類　鳥類　哺乳類

脊椎動物
共同始祖

序，有沒有注意到？鳥類和哺乳類是分別由爬蟲類演化而來的。

　　由於種類太多，我們僅整理如下表說明比較。大自然生物太豐富了，再說明下去，就算另寫一本新書也說不完的。

	特徵	體溫	生活場所	呼吸器官	受精方式	受精卵發育	物種例子
魚類	鰭，鱗片	外溫	水	鰓	體外	卵生為主（無卵殼）	軟骨魚：鯊、魟 硬骨魚：鮭魚
兩生類	幼體與成體形態不同		蝌蚪：水	鰓			青蛙、蟾蜍、蠑螈 山椒魚
			成體：水邊	肺，皮膚協助			
爬蟲類	有鱗片或骨板	內溫	陸上為主	肺	體內	卵生為主（有卵殼）	龜、鱷、蜥蜴和蛇
鳥類	有羽毛。前肢為翅膀可飛行						雞、鴨、鷹、孔雀、綠繡眼、白頭翁、鴕鳥、企鵝
哺乳類	以乳汁育幼					胎生為主	鴨嘴獸、袋鼠、蝙蝠、鯨豚

① 「物種」、「品種」怎麼分？

　　這是常見的疑問，我們趁此來釐清吧。

　　「物種」是生物分類階層，也就是界門綱目科屬種，其中最小的分類等級「種」，有時稱為「物種」。

　　「品種」是經人工篩選及培育，具一定經濟價值和共同遺傳特點的動或植物。所以黃金獵犬與牧羊犬的關係為同種，但不同品種。

② 動動腦，哪些動物名字是有「虫字邊」或是有「蟲」字，但卻並不是動物界節肢動物門中的昆蟲？

　　想一想，中文俗名多又複雜，多動腦，對生物的理解會更深刻。你想到哪些動物了呢？例如：名字裡有「蟲」字的變形蟲、草履蟲、眼蟲、鐵線蟲、蛔蟲、渦蟲等，或者是有「虫字邊」的蝙蝠、蜥蜴、蜈蚣、蜘蛛、蛞蝓、螃蟹等等。牠們都不是昆蟲喔！還有嗎？

③ 那麼，再想一想，哪些動物名字裡有「魚字邊」或是有「魚」字，但卻不屬於魚類呢？

　　想三分鐘，再看底下答案吧！

例如：章魚、鮑魚、墨魚、鯨魚、鱷魚、衣魚、魷魚、娃娃魚等。你還想得到其他動物嗎？

④ 沒有骨骼的生物，如何「固定」或「支撐」身體？

　　骨骼的最主要功能，為支撐保持體形。脊椎動物所有的骨頭都被皮膚包裹，稱為「內骨骼」；而昆蟲，包住身體的皮膚兼具支撐體形之用，因此牠們的皮膚被稱為「外骨骼」。其主要成分是幾丁質（chitin）。幾丁質是具有彈性的多醣蛋白質，是強化生物結構的基本物質之一，蕈類的細胞壁中也含基丁質。

第**10**章

生物與環境的交互作用

認識族群、群集與生態系、生物之間的交互作用、生態系的類型、

跨科內容 能量的流動與物質循環、生物多樣性

本章學習目標

給學生

你在國小學的自然科,應該沒有學過生物和環境之間交互作用的相關內容。換句話說,這會是全新的概念。然而在環境教育的領域上,有許多素養概念與這一章是息息相關的。用心學這一章,不僅能重溫前面學過的知識,更能建立對生物科的信心和進一步興趣。

給老師家長

這一章的學習有助於深化前面所學的概念,可和孩子邊讀邊思考,從日常生活中尋找例子。穩扎穩打建立生物素養。

關鍵字提示

族群 # 群集 # 生態系 # 食物鏈 # 食物網 # 能量塔 # 生物放大作用 # 優養化 # 生物多樣性

認識族群、群集與生態系

來到最後一章，要開啟另一種角度來看世界，就是關心我們的生活環境與身邊的生物，簡單說就是**生態學**。照例，先來釐清幾個生態學上經常用到的專有名詞。

第一個名詞是**族群**，其定義是「生活在同一時間、同一棲地、同一物種的個體所組成的群體」。這個定義中包含了三個條件，最重要也最需要複習的是「同一物種」的概念。例如，我們可以說「2019 年七家灣溪的櫻花鉤吻鮭族群」。但我們不能說「2019 年陽明山國家公園的蛙」是「族群」，因為「蛙」不是一個物種，有很多種的蛙。同理，魚、鳥、烏龜、蜻蜓、蝴蝶等名詞指的都不是一個物種。

第二個名詞是**群集**，指著「在同一時期、相同棲地上，不同的族群聚在一起」。例如：高雄茄萣濕地群集。這個群集由茄萣濕地的各物種所組成，如黑面琵鷺、大白鷺、蒼鷺、反嘴鴴、埃及聖䴉等。

第三個名詞是**生態系**。在生物棲息的環境中，所有生物

和此環境合稱為生態系。簡單說，就是：**生態系＝生物＋環境**。但其中生物的種類不是只要有就好，而是一定要包含到以下三種角色。

我們以下圖來表示。

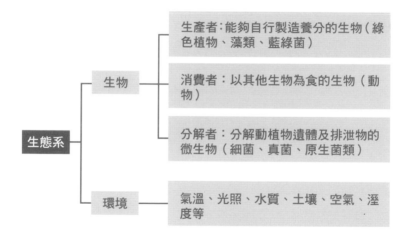

這裡由小到大可以連成一個順序：族群→群集→生態系，複習一下動物的組成層次：細胞→組織→器官→器官系統→個體。若再加上元素、化合物跨科的概念，這個「接龍遊戲」就

會變長囉。

元素→化合物→細胞→組織→器官→器官系統→個體→族群
→群集→生態系→生物圈

要留意的迷思概念是「清除者」的角色。禿鷹、馬陸、
蚯蚓、埋葬蟲、糞金龜、白蟻等生物，是以生物的遺骸或糞便
為主要食物，那麼這些生物算是「分解者」嗎？不是喔，但可
以稱為「清除者」，清除者也是一種消費者，稱為「腐食性消
費者」，牠們仍需要將食物吃進體內再加以消化、吸收，只是
這些食物不是「生鮮食品」，比較像是放太久的「廚餘」。

分解者一定是菌類，它們能夠分解動植物的遺體、排遺、
排泄物中的有機物，將之轉化成為無機物供生產者吸收利用，
生產者又會重新製造出有機物，再度回到食物鏈的基層。當然
了，分解者在分解有機物的過程中，會獲得維持生命所需的能
量。

第四個名詞是**食物鏈**。依據生物間彼此的食性關係，由

低到高，將生物與生物以箭頭符號串連起來，就會形成一條
「食物鏈」。我們舉一個最為通俗的例子，常聽到的「螳螂捕
蟬，黃雀在後」，這句話當中的食物鏈就是**蟬→螳螂→黃雀**。
要注意，箭頭一定是由食物指向捕食者，初學者很容易寫成**蟬
←螳螂←黃雀**。

　　如果在這條食物鏈中再加入生產者：樹，由於樹提供汁
液給蟬，食物鏈就會變成：**樹→蟬→螳螂→黃雀**，其中樹為生
產者，蟬吸取樹汁，為一級（初級）消費者，螳螂吃一級消費
者，則為二級（次級）消費者，黃雀吃二級消費者，因此為三
級消費者，以此類推。

　　第五個名詞是**食物網**。生態系中，物種間的食性關係不
會只是一條食物鏈，這樣太恐怖了，如果冬天螳螂不見了，那
黃雀不就餓死了？因此，一個自然的生態系中，一定會有一條
以上的食物鏈，交錯如網，稱為「食物網」。

　　我們以一張圖來說明。

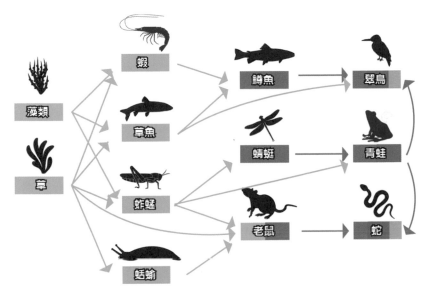

營養階層 ① 生產者 ② 一級消費者 ③ 二級消費者 ④ 三級消費者 ⑤ 四級消費者

其中，

（1）生產者共有 2 種，就是藻類和草。

（2）一級（初級）消費者共有 5 種，不要忘記老鼠。其中有 4 種是草食性動物，老鼠為雜食性。

（3）翠鳥扮演了二級、三級和四級消費者。換句話說，一種生物可以扮演一種以上的角色。

（4）食物網越複雜，生態系就越穩定。例如，如果蝦子族群減少了，鱒魚還可以吃草魚，那麼，如果鱒魚減少了，翠鳥能吃什麼呢？仔細觀察，是草魚和青蛙。

（5）圖中的生物，誰是最高級消費者呢？仔細看，是翠鳥和蛇，牠們是四級消費者。

我們繼續利用這張圖，進一步說明**生物放大作用**。環境之中有些有毒污染物質，如重金屬、農藥、戴奧辛等，既無法在生物體內代謝，也不能排出體外而累積在生物體內，這些有毒物質經食物鏈的傳遞後，層級越高的消費者，體內變會累積越多的有毒物質，這現像稱為「生物放大作用」。

你聽說過，應該少吃黑鮪魚、旗魚、鯊魚等大型魚類嗎？你知道為什麼嗎？

就食物安全觀點而言，因為海洋遭受許多污染，黑鮪魚等大型魚在食物鏈中屬於高級消費者，體內累積較多的重金屬等有毒物質，所以應該盡量避免攝取這類魚肉，以免危害身體健康。同時，也為了生態永續，因為黑鮪魚在全球濫捕濫殺之

為什麼中大型魚類體內甲基汞濃度較高？

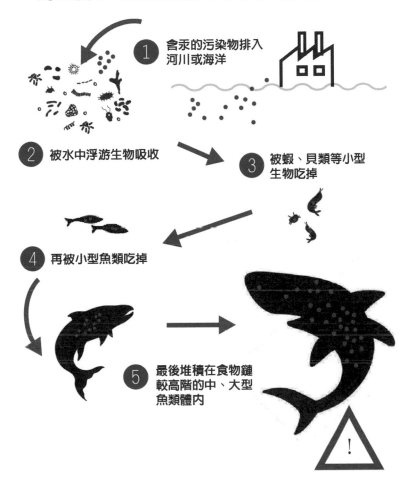

1. 含汞的污染物排入河川或海洋

2. 被水中浮游生物吸收

3. 被蝦、貝類等小型生物吃掉

4. 再被小型魚類吃掉

5. 最後堆積在食物鏈較高階的中、大型魚類體內

下，族群日漸變小，已瀕臨絕種，人類不應該僅為口腹之慾而無視於物種的瀕危。

你和我是什麼關係？認識生物之間的交互作用

對多數生物而言，常會與其他生物發生互動，同種或異種的生物個體間會彼此影響，此關係稱為生物間的交互作用。其中最為常見的四種交互作用為：**食性關係**、**競爭關係**、**共生關係**與**寄生關係**。

「關係」這兩個字實在太通俗了，課堂上我都簡單發問「你和隔壁那位什麼關係？」最常接到的答案是「同學關係」，也有回答「抄借關係的」，說隔壁同學老是借他的作業去抄，當然也會有成績上的「競爭關係」。經過討論後，大約可以了解生物間的互動關係不一定只有單一形式，我們只簡單描述常見的四類型關係。

交互作用		關係	例子
食性（掠食）		生物之間攝食與被攝食的關係（吃與被吃的關係）	蛇捕食青蛙、羊吃草、獅子吃羊、鳥吃魚
競爭		同一區域中因所吃的食物、棲息的空間相似，就會產生競爭關係。	白頭翁與麻雀（食物）、牛與羊會競爭草類等
寄生		生物從寄主獲得養分，對其中一方有利，但另一方受害。	跳蚤、頭蝨寄生於貓、狗身上吸血獲得養分。寄生蜂將卵產於蛾、蝶等幼蟲上。鐵線蟲寄生螳螂體內、菟絲子寄生榕樹。
共生	片利	兩種生物生活在一起，其中一種生物受益，另一種生物既不受益也不受害。	鮣魚 蕨類（山蘇、崖薑蕨）與大樹、鮣魚與鯊魚
	互利	兩種生物生活在一起，互相幫助，對彼此都有利。	海葵和寄居蟹、開花植物與蜜蜂蝴蝶、榕樹與榕果小蜂、豆科植物與根瘤菌、螞蟻—蚜蟲、海葵—小丑魚。

認識能量的流動與物質循環

　　生態系的特性最重要的就是能量的流動和物質的循環。這句話用來應付考試很簡單，徹底理解不容易。老師都會說「能量是流動的，不能循環。物質才能循環」，你是不是就背起來了？因為能量沒有形體，物質又要以元素或化合物的角度來思考，真是抽象到了極點，一定要多多反覆閱讀。

　　地球上所有能量最初的來源就是太陽光，太陽能透過光合作用，將能量轉變成葡萄糖等養分中的化學能，如此能量就進入了生命世界，可供生物利用。這一段是第三章的內容之一。這裡有一個關鍵字：**轉變**，談「轉變」似乎比「流動」好理解。我們舉一個生活中的例子，電扇為什麼會動？大家都知道是因為電扇「有插電」，正式一點的解答，就是「因為電能轉變為動能」。同理，瓦斯爐上的水為什麼可以煮熱成開水？因為化學能轉變為熱能。這裡的轉變包含了流動的意思，因為熱能流到水裡，水的溫度就上升了。再想一想，熄火之後，這一壺開水，會一直維持在攝氏 100 度嗎？以經驗去判斷，大

家都知道不會，因為會有很多能量流失掉。那麼，請問各位，人體又是如何一直維持在攝氏 36 度呢？複習一下第五章的恆定性，也就不難了。生物生命現象的維持是需要消耗能量的，所以生物所獲得的養分大多數都被轉換成熱能消耗掉了，只有少數養分可以轉換給次一級的消費者。

少數，是多少呢？大約是十分之一。所以將生物依照總能量的多寡排列，會形成一個塔形，稱為能量金字塔。課本都

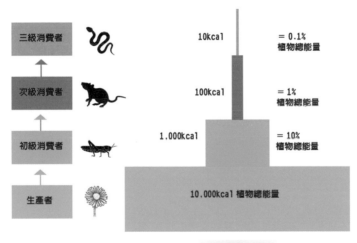

會有一個金字塔，我們換上一個真正一比十關係的塔來描述，會讓你印象深刻一些。請看看第 241 頁的圖中左邊的箭頭，任何食物鏈中能量流動都是單方向，由底層的生產者向高階的消費者流動，而每一階層的能量都只有一小部分向上傳遞，無法循環。

如果能量金字塔的能量很難理解，我們也可以生物的重量來思考會具體一些。第 241 頁的圖中 Kcal 是能量單位，你也可以想成 2000 公克重的生產者可以養活 200 公克重的初級消費者（蚱蜢），接著，又只能養活 20 公克的三級消費者（老鼠），最後到蛇身上只剩 2 公克。

那麼，為什麼一個地區存在越高級消費者，就是一個越健康的生態系？這是因為，如果最高級的消費者都吃得飽了，表示每一階層都健全存在，例如圖中的蛇是最高級消費者，表示有 10 倍量的老鼠、100 倍量的蚱蜢，以及 1000 倍的植物。因此，下次若在住家社區或校園遇見蛇，就代表你住在一個生態健康的地方，是很值得開心的喔。

食物鏈是牽一髮而動全身的，如果我們因為怕蛇就把蛇消滅，那麼老鼠因為沒有天敵，族群就會增加，這不是我們樂見的。所以生態的平衡需要兼顧到族群大小的平衡，不可以凡事以人類狹隘的角度來思考，不喜歡的就該死，唯有生態系健康，人類也才得以健康存在。

這張圖中的食物鏈不是只有能量的流動，也涵蓋物質的循環。想想看，蚱蜢吃了植物，纖維素、葡萄糖等物質就進到蚱蜢體內了，同理，蛇吃了老鼠，蛋白質、脂質、水等物質也進了蛇的體內。但這蛇終究會死，死亡之後，身上的物質全都會被分解者分解為更小的無機物，繼續在地球上循環。我們先以**碳循環**來說明。

當然了，不要忘記溫習第二章中元素與化合物的概念。記得 CO_2、$C_6H_{12}O_6$ 吧？那個 C 就是碳的元素符號。地球上的碳會以不同的化合物形式存在於生物和環境中。大氣中主要以二氧化碳的形式存在，經過光合作用，合成有機化合物（例如 $C_6H_{12}O_6$），有機物多為含碳化合物，是生命產生的物質基

礎。初級消費者從植物獲取養分，含碳物質隨之進入動物體內。就是這樣，碳經由食物鏈進入了生命體，不論是生產者或消費者都會行呼吸作用產生二氧化碳，於是碳又回歸大氣中。此外，生物死亡後遺體經由微生物分解也會放出二氧化碳，部分沉積至土壤中成為煤炭或石油（化石燃料）。碳從大氣到生物體再回歸大氣的這些路線，便稱之為「碳循環」。

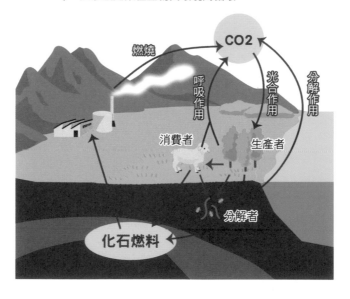

⟶ 表示碳元素在生物間傳遞
⟶ 表示碳元素在生物與環境間循環

CO2

燃燒　　呼吸作用　　光合作用　　分解作用

消費者　　生產者

分解者

化石燃料

我們仔細看第 224 頁這張圖，無論是生物的呼吸作用、分解者的分解作用、或是可燃物的燃燒作用都會產生二氧化碳，而吸收二氧化碳唯有依靠光合作用，別無他法。目前一般相信全球暖化、氣候變遷與大氣中二氧化碳濃度增加大有關係。人類大量使用化石燃料、持續砍伐森林與開發土地，都是增加二氧化碳釋出的因素。了解碳循環的概念之後，我們除了在生活中要落實節能減碳之外，也可以多種樹。

認識生態系的類型

　　前面已經說明過生態系的組成條件了，只要符合組成條件，就可以稱為「生態系」，範圍有大有小。例如，我常提到「校園生態系」或「都市生態系」，同學都會疑惑哪有這種名稱，這只是沒有出現在課本而已。課本常舉的例子是地球上大型的生態系，第 246 頁有整理好的表格供參考。建議大家勤走野外，去感受藍天白雲或濛濛細雨，到海邊踏浪，海鳥飛過天空，海葵、石蓴、細沙就在腳邊，或者上山去，無論是郊山

生態系類型表

	種類	環境	生產者	消費者	其他特徵
水域環境	海洋生態系	潮間帶（滿潮和乾潮間的區域）	浮游藻類與大型藻類	浮游動物、小型節肢動物和魚類。深海無光區之消費者以沉落的生物屍體、碎屑物為食	是地球最大、生物種類最多的生態系
		淺海區：深度不到200 公尺			
		遠洋區：深度超過200 公尺。200 公尺以下沒有陽光（如P247）	浮游藻類		
	河口生態系	水位和鹽度變化大	蘆葦和紅樹林等	彈塗魚、招潮蟹和水鳥等	生產者先變成碎屑再被消費者利用
	淡水生態系	湖泊	浮游藻類或大型水生植物	魚類為主	· 河川上游含氧量高，汙染物濃度較低。 · 下游常因有機汙染而缺氧產生「優養化」，不利水生生物生存。
		溪流	藻類或大型水生植物、枯枝落葉	水棲昆蟲、螺貝、蝦蟹、魚、蛙和鳥類等	
陸域環境	森林生態系	· 年溫差小 · 年雨量 > 1000 mm	大型喬木或灌木，林下有蘚苔與蕨類	鳥、猴、昆蟲、兩生類、爬蟲類	分成熱帶雨林、闊葉林及針葉林
	草原生態系	· 年溫差大：夏熱冬冷 · 250 mm <年雨量< 1000mm	灌木和草本植物	斑馬、羚羊、長頸鹿、獅子等	動物大多奔跑快速
	沙漠生態系	· 日夜溫差大：白天很熱，晚上很冷 · 年雨量< 250mm	仙人掌	蛇、蜥蜴等耐旱動物	生物種類少，且大多具耐旱構造

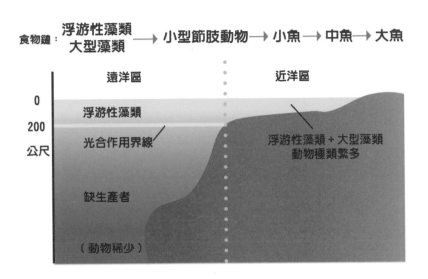

食物鏈： 浮游性藻類 → 小型節肢動物 → 小魚 → 中魚 → 大魚
　　　　 大型藻類

遠洋區　　　　　　　　　　近洋區

0
200
公尺

浮游性藻類

光合作用界線

缺生產者

（動物稀少）

浮游性藻類 + 大型藻類
動物種類繁多

或高山，走進去的領域都是生態系，這樣是更豐富而快樂的有效學習。

學生物最重要的一課——談永續使命與生物多樣性的維護

　　大家都希望人類賴以維生的環境健康美好，而且可以世世代代流傳下去，這就是永續的概念。可惜在過去因為生活辛

苦，大都想著衣食無虞、生活便利，很難去想世世代代這麼久遠之後的事情。現代人更是強調活在當下、及時行樂。所以，許多的開發建設、獵殺捕撈的背後累積出許多問題，例如空氣、河川、海洋、土壤污染，各種資源的減少，氣候的劇變，諸多環境問題慢慢浮出檯面，當然也衝擊著人類以及多種生物的生存。人類需要反思了，不能再有人定勝天的驕傲，要轉為友善生態的心胸，地球不是人類獨有的遊樂場，而是萬物共有的生存空間。也就是要以敬畏、感恩、惜福之心來友善大自然，我認為這是學生物最重要的一課了。

我相信，大家都希望多年之後，地球依然繽紛美麗，這就是「生物多樣性」的重要。讓我們想一想，如果世界上的人都是黃皮膚、雙眼皮、黑頭髮、無酒渦，這樣好嗎？如果鳥類不在、昆蟲不見了，海洋與溪流沒有魚了，許多物種都消失，你會不會覺得很寂寞？或者森林與草原萎縮了只剩下荒原與沙漠，這樣一來，地球還能繽紛美麗嗎？

維持地球的繽紛美好就是生物多樣性的價值之一。生物

的演化要經過很漫長的時間，每一個成功的物種對於維持生態穩定都有不同程度的功能。例如，氧氣的產生、二氧化碳的吸收、遺骸的分解、植物的受粉、養分的製造等，有太多舉不完的例子足以說明人類並沒有能力去取代生態系所能擔負的任務。我們與萬物是相互依存的，沒有物種能獨立於生態系之外。

我們當然都知道生物多樣性面臨了許多危機，但我們還是要從自身、從日常作起，減少垃圾、簡約環保，提高生態素養，善盡地球村公民的責任，如此才得以維護整體的生物多樣性，這是我們應該懷抱的永續使命。

① 什麼是「優養化」？

　　優養化指水域中所含養分，隨著時間逐漸增加的一種過程。但這可不是件好事喔。因為，水域產生優養化多起因於大量排泄物、肥料被排入水域，使水中養分增加，藻類大量繁殖而覆蓋水面、遮蔽日光，水底的植物無法光合作用，造成魚蝦缺氧死亡。接著，微生物為分解生物遺體，更加速水中氧氣的消耗，最後導致水體混濁發臭。

② 請動動腦，蚊子、螞蝗吸血，是「寄生」還是「捕食」？

　　就這一單元而言，會吸血的雌蚊類似跳蚤、頭蝨「寄生」於哺乳動物上吸血獲得養分。但這個寄生不是醫學名詞中「寄生蟲」的概念。單純是生態學的角度。

③ 你聽過有人提倡「無肉日」，或鼓吹「吃素減碳救地球」嗎？為什麼少吃肉、多吃菜可以減碳救地球呢？

　　依據能量塔的概念，如果把 100 公斤的作物給牛吃，大約只能生產出 10 公斤的牛肉，若人把 10 公斤的牛肉吃掉，約可長出 1 公斤的人肉。能量的轉換感覺「效率不高」，有點浪費。但為什麼會這樣呢？這是因為生物體會將大部分能量用來維持體溫、活動、進行代謝等，最後才會用於長肉。

此外，如果我們多吃植物，就不需要開墾那麼多的土地種植飼料作物，土地可用以造林或者種植生質能的作物，如此一來就可以節能減碳抗暖化了。更進一步的詳盡解說和計算，可以參考本系列第一本《生物課好好玩》第 24 頁。

小麥田

知識館 12
生物課好好玩 3
輕鬆攻略108課綱的10堂生物素養課！80個必修關鍵字╳最強的生物觀念課表
（附贈戶外多元學習行動生物手冊）

作者·攝影　李曼韻
出 版 經 紀　廖翊君
封面·內頁設計　黃鳳君
內 頁 插 畫　白佩穎
內頁說明圖片　鄭佳容
校　　　對　汪郁潔
責 任 編 輯　徐凡

國 際 版 權　吳玲緯
行　　　銷　闕志勳 吳宇軒
業　　　務　李再星 陳美燕
副 總 編 輯　巫維珍
編 輯 總 監　劉麗真
總 經 理　陳逸瑛
發 行 人　涂玉雲
出　　　版　小麥田出版
　　　　　　10483 台北市中山區民生東路二段 141 號 5 樓
　　　　　　電話：(02)2500-7696
　　　　　　傳真：(02)2500-1967
發　　　行　英屬蓋曼群島商家庭傳媒股份有限公司
　　　　　　城邦分公司
　　　　　　10483 台北市中山區民生東路二段 141 號 11 樓
　　　　　　網址：http://www.cite.com.tw
　　　　　　客服專線：(02)2500-7718｜2500-7719
　　　　　　24 小時傳真專線：(02)2500-1990｜2500-1991
　　　　　　服務時間：週一至週五 09:30-12:00｜13:30-17:00
　　　　　　劃撥帳號：19863813　　戶名：書虫股份有限公司
　　　　　　讀者服務信箱：service@readingclub.com.tw
香港發行所　城邦（香港）出版集團有限公司
　　　　　　香港灣仔駱克道 193 號東超商業中心 1/F
　　　　　　電話：852-2508 6231
　　　　　　傳真：852-2578 9337
馬新發行所　城邦（馬新）出版集團 Cite (M) Sdn Bhd.
　　　　　　41-3, Jalan Radin Anum, Bandar Baru Sri Petaling,
　　　　　　57000 Kuala Lumpur, Malaysia.
　　　　　　電話：+6(03) 9056 3833
　　　　　　傳真：+6(03) 9057 6622
　　　　　　讀者服務信箱：services@cite.my
麥田部落格　http:// ryefield.pixnet.net
印　　　刷　前進彩藝有限公司
初　　　版　2019 年 9 月
初 版 四 刷　2023 年 5 月
售　　　價　420 元
版權所有 翻印必究
ISBN 978-957-8544-18-5
本書若有缺頁、破損、裝訂錯誤，請寄回更換。

國家圖書館出版品預行編目資料

生物課好好玩 . 3：輕鬆攻略 108 課綱的
10 堂生物素養課！80 個必修關鍵字╳
最強的生物觀念課表/ 李曼韻著 . -- 初版 .
-- 臺北市：麥田出版：家庭傳媒城邦分公
司發行 , 2019.09
　面；　公分

ISBN 978-957-8544-18-5（平裝)
1. 生物 2. 教育法 3. 中等教育

524.36　　　　　　　108012290